TRAITÉ PRATIQUE

DES

AGRANDISSEMENTS

PHOTOGRAPHIQUES.

5494 B. — Paris, Imp. Gauthier-Villars et fils, 55, quai des Gr.-Augustins.

BIBLIOTHÈQUE PHOTOGRAPHIQUE.

TRAITÉ PRATIQUE
DES
AGRANDISSEMENTS
PHOTOGRAPHIQUES,

Par E. TRUTAT,
Docteur ès Sciences,
Directeur du Musée d'Histoire naturelle de Toulouse.

SECONDE PARTIE :
AGRANDISSEMENTS.

DEUXIÈME ÉDITION, ENTIÈREMENT REFONDUE.

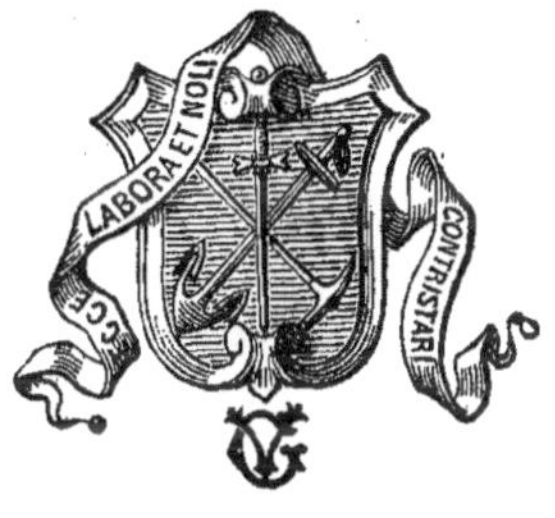

PARIS,
GAUTHIER-VILLARS ET FILS, IMPRIMEURS-LIBRAIRES,
ÉDITEURS DE LA BIBLIOTHÈQUE PHOTOGRAPHIQUE,
Quai des Grands-Augustins, 55.

1897

TRAITÉ PRATIQUE

DES

AGRANDISSEMENTS

PHOTOGRAPHIQUES.

SECONDE PARTIE.

AGRANDISSEMENTS.

CHAPITRE I.

DES MÉTHODES D'AGRANDISSEMENT.

Plusieurs méthodes permettent d'obtenir des images agrandies d'après de petits négatifs : on peut, avec le matériel ordinaire de l'atelier, opérer à l'aide de la lumière diffuse : *agrandissements à la chambre noire;* ou bien l'on emploie la lumière solaire concentrée par une grande lentille : *agrandissements à la chambre solaire;* ou bien encore on fait usage d'une sorte de lanterne magique : *agrandissements à la lanterne.*

Chacun de ces procédés peut donner de bons résultats, mais chacun d'eux est plus spécialement utilisable dans certains cas particuliers.

I. — AGRANDISSEMENTS A LA CHAMBRE NOIRE.

Ce système est celui que l'on met en œuvre le plus souvent lorsqu'il s'agit d'obtenir un agrandissement modéré d'une épreuve positive sur papier, ou lorsque l'on veut obtenir un grand cliché négatif pour un tirage considérable.

Agrandissements des positifs sur papier.

Le format de l'épreuve qu'il faut agrandir indiquera tout d'abord de quel objectif il faut se servir; ce sera

Fig. 1.

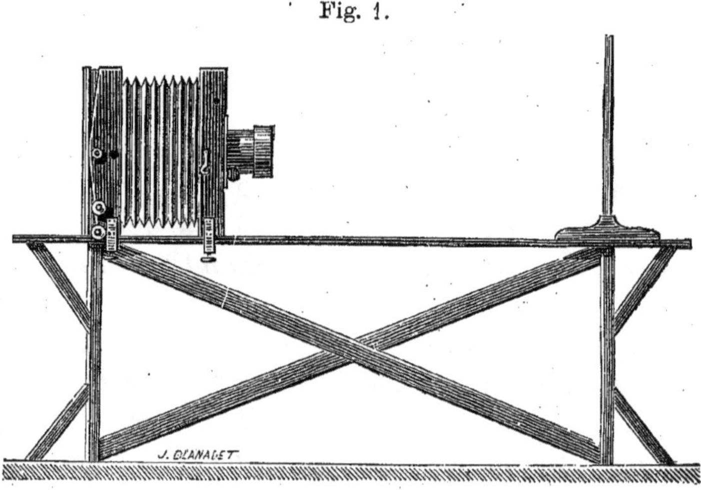

celui qui donne, lorsqu'on le dirige sur des objets éloignés, une image nette de la dimension du cliché que l'on veut agrandir. Ainsi, veut-on agrandir une carte album? On fera usage d'un objectif à portrait propre à produire directement les cartes album. Il faut, de plus, retourner l'objectif de telle façon, que la lentille qui regarde ordinairement le sujet à reproduire regarde le verre dépoli; mais, si l'on veut faire usage d'objectifs symétriques (les meilleurs à employer dans ce cas), ce retournement est inutile.

L'épreuve positive est placée verticalement sur un châssis vivement éclairé (*fig.* 1), en cherchant à faire venir la lumière de face; en avant de l'épreuve, on établit un cône en papier végétal (*fig.* 2), qui empêche les

Fig. 2.

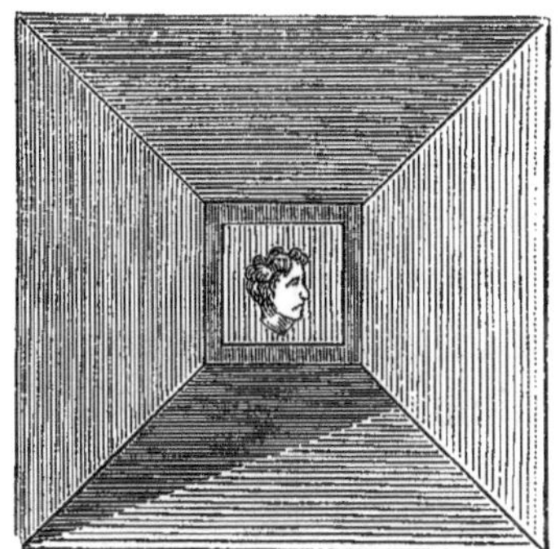

reflets tout en n'interceptant pas trop la lumière. En face de l'épreuve et à égale hauteur, on place la chambre noire du format que l'on veut obtenir; cette chambre aura un très long tirage, car celui-ci est proportionnel à l'agrandissement désiré.

La mise au point se fera en appliquant contre l'épreuve

une page imprimée; il sera alors beaucoup plus facile de trouver le point sur les caractères d'imprimerie que sur l'épreuve elle-même. On opère d'abord sans diaphragme, mais, dans ce cas, les angles seront flous; on introduit un diaphragme dans l'objectif en diminuant graduellement son ouverture jusqu'à ce que la netteté des bords devienne suffisante.

On place dans le châssis une plaque au gélatinobromure, et l'on fait poser. On obtient ainsi un grand cliché que l'on retouche avec soin, et qui donnera d'excellents positifs par contact, si l'agrandissement n'est pas trop considérable et si le retoucheur a su donner un peu d'effet au cliché toujours un peu gris que l'on obtient ainsi.

La grande difficulté de ce procédé est d'éviter le grain du papier, et il est assez difficile de remédier complètement à ce défaut. On peut cependant atténuer cet effet désagréable en suivant la méthode indiquée par M. Abney. L'épreuve positive que l'on veut agrandir est collée avec de la gélatine sur une glace propre, le côté albuminé qui porte l'épreuve étant placé contre la glace. L'image est alors posée en face de l'objectif; l'épreuve étant en contact absolu avec le verre, le négatif agrandi ne montrera pas le grain du papier.

Tout récemment, un auteur a proposé de mouiller l'épreuve positive sur papier, de façon à lui donner une transparence complète, de l'appliquer alors sur une feuille de verre, et de la photographier par transparence. On éviterait ainsi tout le grain du papier.

Ce sont là deux méthodes rationnelles qui donnent

d'excellents résultats lorsqu'il est possible d'effectuer ce collage sur verre. Si cette opération n'est pas possible, on peut encore atténuer l'effet du grain du papier en appliquant l'épreuve préalablement trempée dans l'eau et suffisamment imprégnée de liquide sur une glace talquée et couverte de collodion; cette couche de collodion, dégraissée dans l'eau, fera corps avec l'épreuve. On met en presse jusqu'à complète dessiccation; l'épreuve se détache alors facilement du verre et elle est brillante, unie, comme si elle avait reçu une couche de gélatine.

Les épreuves aristotypiques émaillées par application sur ébonite ou sur verre talqué sont par cela même plus convenables que toutes autres [1].

Le cône de papier végétal que nous avons conseillé ne suffit pas toujours dans le cas où l'épreuve n'a pas été mise sous verre gélatiné. Mais M. Vogel a remarqué que, par l'emploi des plaques orthochromatiques, il est facile d'annihiler complètement le mauvais effet du grain.

Malgré tout, il est toujours difficile d'obtenir par ces procédés des épreuves parfaites, mais ce sont les seuls possibles quand on ne possède qu'une épreuve sur papier du sujet que l'on veut reproduire. C'est là un cas qui se présente surtout pour des portraits, et c'est là aussi que ces méthodes sont le plus facilement applicables, car la figure seule demande de la netteté, et l'on peut toujours, par quelque artifice de retouche et de tirage, amener à bien les fonds ou les accessoires.

---

(1) Mais il faut éviter avec soin tous les reflets.

Agrandissement des positifs sur verre.

Lorsqu'on possède le négatif original, il vaut mieux tirer une épreuve positive transparente et, de ce petit positif, obtenir à la chambre noire un grand négatif, comme dans la méthode précédente; les résultats seront bien meilleurs, le grain du papier n'existera plus, et les épreuves seront plus brillantes.

Obtention des positifs sur verre. — On peut user de plusieurs méthodes :

1° *Emploi de la chambre noire,* d'après M. P. Petit fils [1].

Nous appliquons le cliché, le côté opposé à la couche, contre un verre dépoli de même grandeur. Nous disposons d'une chambre noire dite *à transparent* (*fig.* 3). Une des faces, A, est vide; l'autre, B, est formée par une série d'intermédiaires pouvant contenir dans leurs rainures les différentes grandeurs usitées en Photographie. Les faces A et B sont reliées par un soufflet permettant de les écarter ou de les rapprocher suivant les besoins. Nous plaçons le cliché et la glace dépolie dans l'intermédiaire de grandeur voulue, la glace dépolie à l'extérieur, le cliché à l'intérieur de la chambre. Le côté de la chambre qui contient le cliché doit être orienté vers la plus grande lumière. Si nous regardons par le côté A, nous verrons l'image seule du négatif

---

(1) Pierre Petit, *La Photographie industrielle*, p. 7. In-18 jésus, avec figures; 1883 (Paris, Gauthier-Villars; 2 fr. 25 c.).

Fig. 3.

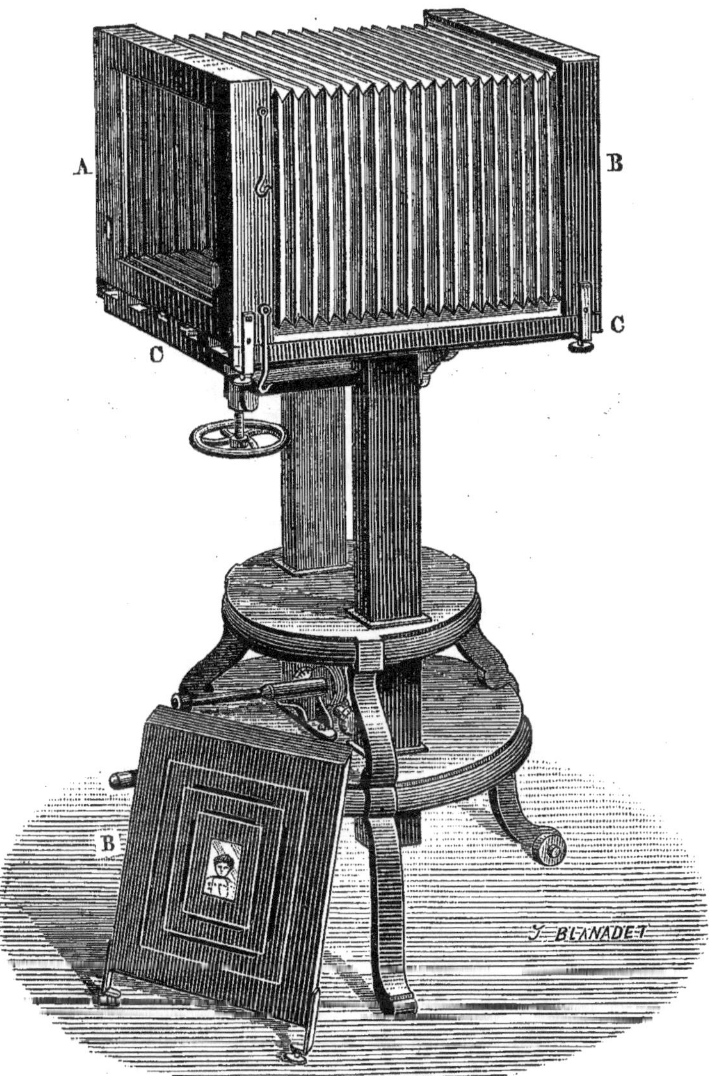

apparaître en transparence sans que la lumière extérieure vienne en atténuer l'éclat, protégés que nous sommes par les parois de la chambre.

Le cadre A de la chambre à transparent est muni de chaque côté vertical de deux crochets, l'un dans la par-

Fig. 4.

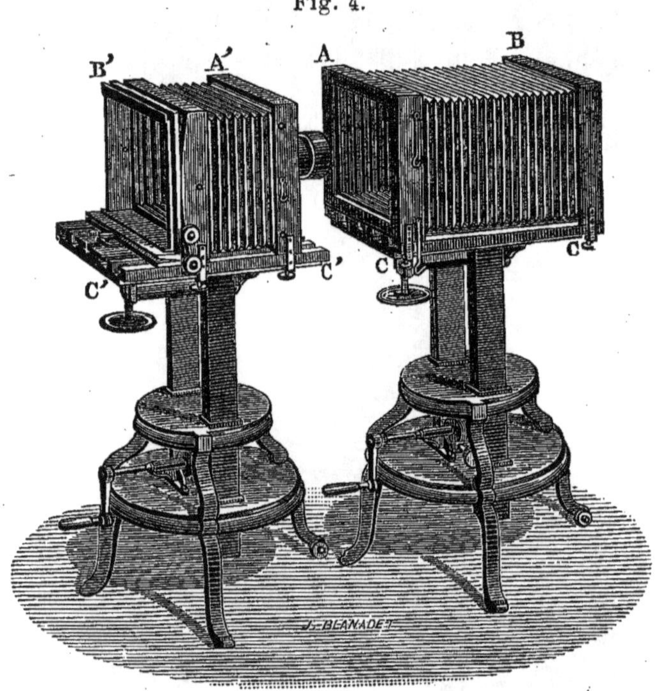

tie supérieure, l'autre dans la partie inférieure (*fig.* 4). Nous approchons alors la chambre d'atelier ordinaire qui est de la même grandeur que la chambre à transparent; nous appliquons le côté A qui est muni d'un objectif à portrait diaphragmé, ou d'un aplanat, à l'aide duquel nous pourrons obtenir une épreuve de format identique à celle à reproduire, ou bien la diminuer ou l'agrandir légèrement.

Les deux côtés verticaux de la face A' sont munis de têtes de vis correspondant exactement aux crochets placés en A. Au moyen de ces crochets nous faisons adhérer les côtés A et A'. Il va sans dire que l'accord n'est parfait que lorsque les deux chambres sont placées parfaitement en ligne droite et que les chariots C et C', dont les rainures sont identiques, permettent le glissement facile des cadres A et A', qui n'en forment alors

Fig. 5.

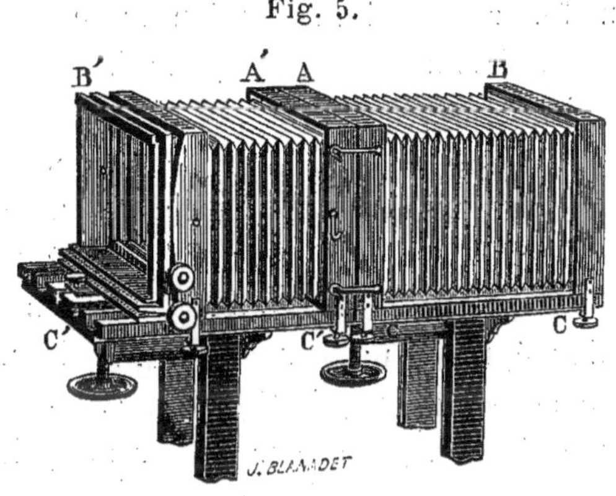

plus qu'un seul, supportant l'objectif. La face B' est la place de la glace dépolie de la chambre d'atelier (*fig.* 5).

Les deux chambres étant ainsi en parfaite jonction, nous procédons à la mise au point, en coordonnant, par le glissement alternatif sur les chariots C et C' des cadres AA' et B', les points que doivent occuper l'objectif AA' et la glace dépolie B'.

La mise au point étant faite, nous plaçons dans le châssis une glace préparée soit au collodion humide (c'est le procédé le plus employé dans ce cas), au collodion sec, ou bien au gélatinobromure, et après développement et fixage, nous aurons le positif nécessaire aux agrandissements. Les plaques dites *à tons noirs* pour positifs sont, dans ce cas, bien supérieures à toutes les autres ; nous recommanderons surtout celles de Graffe et Jougla.

Amplificateur à bonnettes de M. Gaumont. — Un instrument fort commode, lorsqu'on ne veut pas dépasser le 18×24, format excellent pour l'agrandissement des petits clichés $4\frac{1}{2} \times 6$ ou $6\frac{1}{2} \times 9$, formats à la mode aujourd'hui, est l'amplificateur à bonnettes.

Les amplificateurs à bonnettes, à commande automatique, à agrandissements variables et à réduction, sont des appareils destinés, comme leur nom l'indique, à obtenir des épreuves agrandies ou réduites, soit sur une plaque sensible au gélatinobromure ou au gélatinochlorure d'argent, soit sur papier au gélatinobromure d'argent.

Ils se composent, pour l'agrandissement, d'une caisse de bois en forme de tronc de pyramide portant, au sommet, une série d'intermédiaires de tous les formats inférieurs à 9×12 y compris celui-ci, destinés à loger les phototypes négatifs et, à la base, un châssis à rideau 18×24, dans lequel se met le papier ou la plaque sensible. Ce châssis peut être retiré facilement pour être chargé dans le laboratoire obscur.

Dans ce châssis est une glace sans tain 18×24, sans défaut, rigoureusement plane sur ses deux faces et *sous* laquelle on applique la feuille de papier au gélatino-bromure d'argent. Au dos de la feuille de papier, et pour la mettre bien en contact avec la glace, on met

Fig. 6.

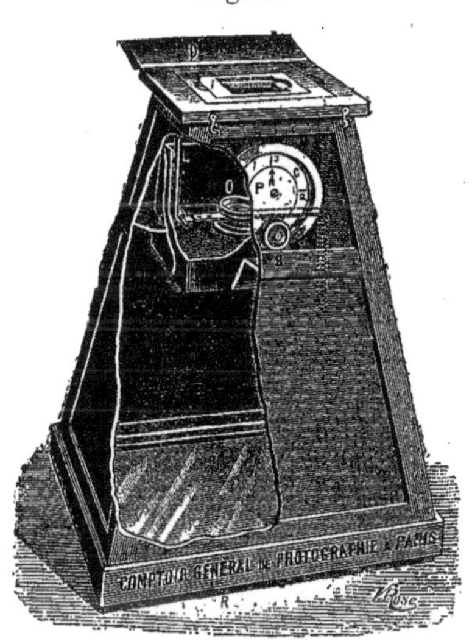

une planchette, puis un volet à ressort, fermant par trois verrous. La première planchette, au lieu d'être en un seul morceau, est constituée par un cadre intermédiaire muni, dans son évidement, d'une partie pleine mobile 13×18. Ce qui permet, au besoin, de faire une photocopie de cette dimension.

A l'intérieur de ce tronc de pyramide existe une planchette que l'on peut déplacer par un bouton extérieur B et au centre de laquelle est vissé un objectif rectilinéaire O couvrant parfaitement la grandeur maxima des phototypes à agrandir. En même temps, des bonnettes, avec leurs diaphragmes y afférents, montées sur une lame d'acier L, se meuvent quand on agit sur le bouton et viennent, suivant le cas, s'appliquer au centre de l'objectif.

Ce même mouvement du bouton B entraîne encore celui d'un disque extérieur P portant une flèche dans le sens d'un de ses rayons, et qui se meut concentriquement à un cercle gradué C présentant les différents rapports des images entre elles.

Ces rapports sont donnés par le Tableau ci-dessous :

RAPPORTS.	DIMENSIONS DES PHOTOTYPES		
	$4\frac{1}{2} \times 6$.	**$6\frac{1}{2} \times 9$.**	**9×12.**
4	18×24	28×36	36×48
3	$13{,}5 \times 18$	$19{,}5 \times 27$	27×36
2,66	$11{,}97 \times 15{,}96$	$17{,}29 \times 23{,}94$	$23{,}94 \times 31{,}92$
2	9×12	13×18	18×24

Faisons-nous tourner la flèche du disque de façon, par exemple, qu'elle vienne pointer vers le repère portant le chiffre 4 *et que l'on entende le léger bruit d'un déclic*, la bonnette nécessaire, son diaphragme propre et l'objectif se seront déplacés automatiquement aux fins de nous donner une image *agrandie*, dont les dimensions *extrêmes* seront, *linéairement*, quatre fois celles de l'épreuve à agrandir, et nous aurons, de cet agrandissement, toute la partie centrale délimitée aux dimensions maxima 18 × 24.

2° *Positifs par contact.*

On peut encore obtenir d'excellents positifs sans le secours de la chambre obscure en opérant par simple contact. On opère alors comme si l'on voulait tirer une épreuve positive sur papier ; mais il y a lieu de prendre certaines précautions.

Le cliché sera posé sur une feuille de papier opaque dans laquelle on aura découpé exactement une ouverture un peu plus petite que le cliché, et cela pour éviter que la lumière ne passe sur les côtés, à travers la tranche du verre, ce qui produirait un voile tout autour de l'épreuve.

Sur le cliché ainsi encadré et posé sur le verre épais du châssis positif, on met une plaque sèche, on pose quelques secondes, et l'on développe.

On peut employer pour cet usage plusieurs sortes de préparations :

Collodion préservé au tanin, d'après les formules que nous avons déjà données (1). — Il faut seulement modifier le développement, et faire usage de solutions acides.

Eau	300cc
Acide pyrogallique	3gr
Acide citrique	2gr

(1) *Voir* Première Partie, p. 123.

Ce bain devra être chauffé légèrement en hiver, tiédi, ce qui permettra de développer rapidement les épreuves. On ajoute, au moment de s'en servir, quelques gouttes de la solution suivante :

Eau....................................	100cc
Nitrate d'argent	5gr
Acide citrique...........................	2gr
Acide acétique	5cc

Le fixage se fera au moyen d'une solution de cyanure de potassium à 2 pour 100. Après lavage, on passera sur l'image une couche de gomme à 1 pour 100 et l'on mettra à sécher.

Collodion albuminé. — Les images obtenues par ce procédé seront peut-être un peu plus fines que celles données par le collodion au tanin. Ici également il faudra employer le développement acide, mais le fixage doit se faire à l'hyposulfite.

Gélatinobromure. — Les préparations ordinaires donnent facilement des images grises; mais on arrive à atténuer ce défaut en faisant usage de plaques lentes (rouges de Lumière), en posant très peu et en développant à l'hydroquinone faible ou vieux.

Plaques pour positives. — Les plaques pour positives, à tons noirs, permettent d'éviter ces clichés gris, sans effet, et qui sont toujours difficiles à agrandir. Il ne faut pas oublier, en effet, que si l'agrandissement demande des clichés légers, à couches minces, et permettant ainsi des poses assez rapides, il est presque impossible de tirer parti des clichés gris; l'effet ne peut être obtenu alors que par des artifices de tirage, et le résultat définitif est constamment défectueux.

Les plaques à tons noirs se développent avec le bain suivant :

Eau bouillie	1000 cc
Sulfite de soude anhydre	60 gr
Hydroquinone	8 gr
Métol	5 gr
Bromure de potassium	30 gr
Carbonate de soude	10 gr

On fait dissoudre dans l'ordre indiqué, on décante le liquide clair; le filtrage au papier pourrait colorer le bain.

Si le cliché développé est trop intense, on l'amène à la densité voulue avec la liqueur de Fawler :

Eau	1000 cc
Hyposulfite de soude	6 gr
Ferricyanure de potassium	6 gr

Une excellente méthode consiste à développer fortement et à ramener ensuite le cliché fixé à l'intensité voulue; il est plus facile ainsi de diriger les manipulations.

Positifs au charbon. — Un papier spécial au charbon, très chargé en couleur (que l'on trouve chez tous les fabricants), sera sensibilisé à l'ordinaire, posé et appliqué contre un verre qui servira de support à la pellicule; le développement se fera à l'eau chaude selon la méthode courante.

Tranferrotype-paper (papier gélatinobromuré). — La Compagnie Eastman fabrique une sorte de papier à couche réversible, d'un usage très commode pour l'obtention des positives transparentes : *transferrotype-paper* ou papier photo-décalque.

Ce papier se place derrière le cliché comme dans les cas précédents, et se développe dans un bain de fer dont nous donnerons la formule en traitant des agrandissements à la lanterne.

L'épreuve étant lavée et fixée, appliquer ce papier dans l'eau sur le verre qui doit recevoir l'image et qui aura été préalablement nettoyé, suivant l'usage. Laisser le tout sous une légère pression, entre buvards, pendant environ une demi-heure, c'est-à-dire le temps nécessaire pour que le papier soit sec.

Tremper ensuite dans l'eau chaude à 35°, et après quelques instants, le papier se séparera facilement de la couche de gélatine sur laquelle l'image est imprimée. Si le papier ne se décolle pas immédiatement, l'aider, en ajoutant de l'eau légèrement plus chaude et en soulevant un coin avec la pointe d'un canif.

Collodion transfert. — Les papiers collodionnés, particulièrement celui de Gelhaye, se prêtent admirablement à l'obtention d'épreuves transparentes. Il suffit de décalquer l'image sur un verre préparé et d'enlever ensuite le papier support.

M. Londe a institué une méthode opératoire qui donne des résultats parfaits. La voici :

On prépare à l'avance des glaces enduites d'une couche susceptible d'adhérer à la pellicule de collodion; celle-ci peut être à base de caoutchouc ou à la gélatine.

On fait dissoudre à l'avance

Benzine	100^{cc}
Caoutchouc du Para	2^{gr}

Le caoutchouc naturel est le meilleur; il est vendu en petites ampoules remplies de bale d'avoine; on le découpe avec des ciseaux, on lave pour enlever tous les débris de bale et, une fois sec, on fait dissoudre dans la benzine.

On peut également se servir du caoutchouc en pâte du commerce, que l'on étend avec de la benzine jusqu'à consistance convenable.

La dissolution de caouchouc, obtenue par l'une ou l'autre méthode (la première est la meilleure), est étendue sur la plaque de verre à la manière du collodion. Au bout d'une heure de séchage sur chevalet, la couche est bonne à l'usage.

La gélatine donne également d'excellents résultats. On prépare une solution avec

Eau chaude	1000^{cc}
Gélatine blanche (comestible)	100^{gr}
Alcool à 40°	200^{cc}
Glycérine	20^{gr}
Acide phénique	traces.

On fait fondre au bain-marie et l'on filtre à chaud sur une flanelle préalablement trempée dans de l'eau chaude. On étend sur verre et on laisse sécher : cette opération peut se faire à l'avance ; il suffit de conserver les plaques à l'abri de la poussière et de l'humidité.

Pour faciliter encore cette préparation des glaces gélatinées, M. Londe a eu l'idée d'employer les vieilles plaques négatives, plaques voilées ou vieux négatifs hors d'usage, ce qui permet de tirer parti de ces verres mis généralement au rebut.

Si l'on veut employer des plaques voilées, il suffit de les fixer dans un bain d'hyposulfite et de les laver pour obtenir une plaque gélatinée parfaitement convenable pour le report. Pour les vieux négatifs, il faut faire disparaître l'image révélée, ce que l'on réalise par le passage dans la solution concentrée de Farmer :

Eau....................................	1000cc
Hyposulfite de soude..................	100gr
Ferricyanure de potassium.............	30gr

On laisse jusqu'à disparition de l'image, en renouvelant au besoin le bain, lorsqu'il est décoloré en vert pâle, et on lave abondamment pour éliminer la teinte jaune produite par le ferricyanure.

Les épreuves sont tirées très fortement jusqu'à métallisation des noirs.

Avant le virage, on rogne aux dimensions voulues, en ayant soin de donner aux épreuves quelques millimètres de moins que les verres sur lesquels elles doivent être décalquées. Pour les images stéréoscopiques, on les coupe à la dimension voulue, et l'on note à l'envers le côté de chaque moitié.

Les opérations du virage et du fixage se font d'après les méthodes ordinaires; mais il ne faut pas oublier que c'est seulement par transparence qu'on devra surveiller le virage, et ne pas s'effrayer de l'opacité des épreuves; elle sera considérablement diminuée lorsque le papier support sera enlevé.

La meilleure formule de virage est la suivante :

Eau bouillie	900^{cc}
Acétate de soude fondu	25^{gr}
Hypochlorite de chaux	0^{gr},50

Les sels étant dissous, on filtre et l'on ajoute par petites portions en agitant chaque fois :

Eau bouillie	100^{cc}
Chlorure d'or brun	1^{gr}

Ce bain ne doit être employé que lorsqu'il est complètement décoloré, ce qui demande au moins vingt-quatre heures.

Nous recommandons de faire bouillir l'eau de tous les bains où entre du chlorure d'or; on évite par là une réduction trop rapide, causée par les microbes contenus dans l'eau; et c'est faute de prendre cette précaution, bien simple cependant, que beaucoup d'amateurs voient leurs bains de virage se colorer rapidement en rose, puis en violet et perdre leur action. Dans les ateliers où les bains sont épuisés immédiatement, cet effet ne se produit pas, mais, pour l'amateur qui ne vire des épreuves qu'à intervalles éloignés, il est bon d'empêcher le plus possible cette réduction; l'emploi de l'eau bouillie est le meilleur palliatif.

L'épreuve étant convenablement lavée, on procède au transfert. On place au fond d'une cuvette remplie d'eau la glace couverte de l'enduit adhésif : caoutchouc ou gélatine. L'épreuve est alors plongée dans la cuvette face en dessous, appliquée à la place voulue, et enlevée de l'eau avec le verre support. On donne un coup de rouleau en caoutchouc pour obtenir l'adhérence complète et pour chasser les bulles d'air et l'eau en excès, puis on éponge avec du papier buvard blanc, et l'on termine en passant à plusieurs reprises une raclette en caoutchouc.

Cinq minutes après cette opération, on doit procéder à l'enlèvement du papier. Avec le doigt on frotte le papier, en cherchant à l'enrouler sur lui-même; il ne faut pas commencer ce frottage sur les bords, mais bien au centre de l'épreuve, car on risquerait de faire venir la pellicule avec le papier. Au-dessous du papier se montre la couche porcelanisée : gélatine barytée, que l'on n'attaque pas à ce moment. Quand le papier est complètement enlevé, on donne un nouveau coup de raclette, très léger, sur la couche porcelanisée pour assurer le meilleur contact possible, et on laisse sécher.

Il ne reste plus alors qu'à achever le dépouillement définitif de l'épreuve en enlevant la gélatine blanche au moyen d'une éponge imbibée d'eau chaude. On lave avec soin la surface du verre avec l'éponge et l'on met à sécher.

Retouche du cliché. — Le cliché obtenu par l'une ou l'autre des méthodes est retouché s'il y a lieu, mais il faut être très sobre de retouches sur le positif; il faut se contenter de boucher les trous, les éraillures, et accentuer tout au plus les parties un peu molles dans les ombres; ce sera sur le grand cliché que se feront beaucoup mieux les retouches nécessaires.

Obtention du grand négatif. — L'agrandissement pourra se faire dans l'appareil précédemment décrit et figuré page 6; mais la pose sera alors extrêmement longue; il vaudra beaucoup mieux modifier l'éclairage, comme nous allons l'indiquer.

Dans la fenêtre du laboratoire ou d'une pièce absolument sombre, on pratique une ouverture de la dimension du plus grand cliché que l'on compte employer. Il est bon de choisir, autant que possible, l'exposition au nord, pour éviter que le soleil ne vienne éclairer directement le cliché; dans cette ouverture on fixera un verre dépoli très fin, le côté mat en dehors.

A l'extérieur (*fig.* 7), est placée une glace, fixée en bas par deux charnières, et formant réflecteur, pour qu'il soit possible, avec un cordon passant par une poulie, de lui donner une inclinaison plus ou moins grande, afin d'envoyer sur le verre dépoli la plus grande somme possible de lumière réfléchie par le ciel.

Avant toute opération, il sera bon de s'assurer que la lumière est dirigée convenablement, en la projetant sur le verre dépoli. Derrière l'ouverture ainsi disposée, on place une table de hauteur convenable sur laquelle on dispose une chambre obscure à long tirage, munie d'un objectif symétrique de foyer convenable. Le cliché est placé contre le verre dépoli, et cette ouverture est re-

Fig. 7.

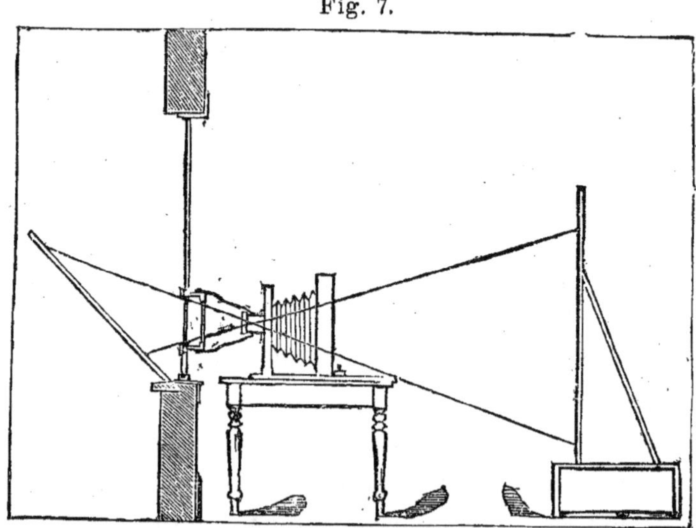

liée à la chambre noire par un manchon d'étoffe noire, afin d'éviter toute lumière latérale.

Si l'agrandissement était trop considérable pour le format de la chambre noire employée, on enlèverait le verre dépoli, et l'on fixerait la plaque sensible sur un chevalet placé à la distance voulue.

Tout étant ainsi disposé, on fait poser comme dans le cas précédent, mais beaucoup moins de temps, la lumière étant beaucoup plus intense.

Par cette méthode, on arrive à obtenir de grands clichés, qui, moyennant quelques retouches, donnent d'excellentes épreuves; mais les opérations sont longues et coûteuses, lorsqu'on n'a besoin que d'une seule épreuve positive agrandie; aussi est-il ordinairement préférable d'avoir recours aux méthodes dans lesquelles l'éclairage est plus vif et permet de produire directement de grandes épreuves d'après le cliché négatif.

II. — AGRANDISSEMENTS A LA LUMIÈRE SOLAIRE.

Éclairage direct.

L'appareil que nous avons décrit page 21 et représenté *fig.* 7 peut être employé avec la lumière solaire; mais, dans ce cas, il est indispensable de laisser une distance de quelques centimètres entre la glace dépolie et le cliché, afin d'obtenir un éclairage bien égal. La glace réflecteur pourra être enlevée; installée comme nous l'avons indiqué, elle ne servirait guère. On s'arrangera de façon que le soleil vienne éclairer directement la glace dépolie; il est donc de première nécessité de disposer l'appareil sur une fenêtre orientée convenablement; l'exposition au nord, excellente pour opérer à la lumière diffuse, est, au contraire, dans le cas présent, absolument défectueuse.

Porte-miroir simple. — Si l'on veut obtenir des résultats complets avec la lumière solaire, il faut avoir recours à l'emploi d'un porte-lumière : miroir fixé sur un appareil mécanique qui permet de renvoyer les rayons solaires dans l'axe de l'appareil.

Le porte-miroir (*fig.* 8) combiné par M. Van Monckhoven est un des meilleurs modèles : il est entièrement

Fig. 8.

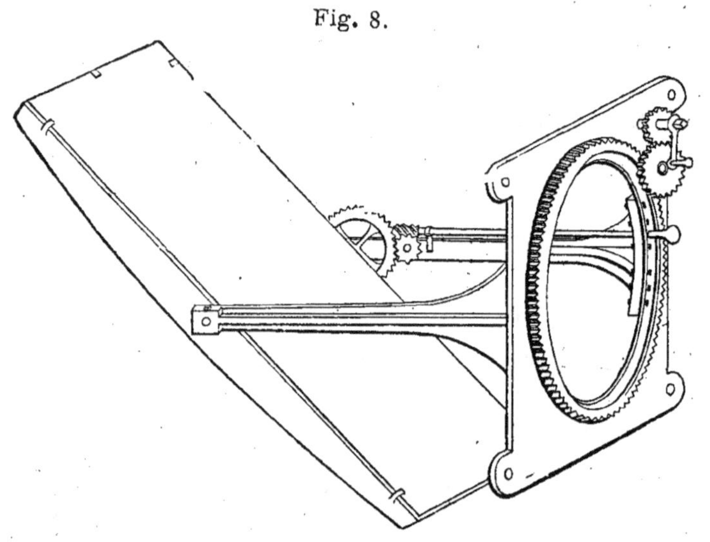

ment métallique et très robuste. L'inspection de la figure en fait facilement comprendre le mécanisme. A l'aide d'une manivelle et d'un pignon, on donne très facilement au miroir réflecteur une position telle que le faisceau de rayons solaires se réfléchisse horizontalement.

M. Derogy construit également un instrument de ce genre, dont la manœuvre est très facile.

Le maniement de l'un ou l'autre de ces miroirs n'est pas difficile, mais il faut toujours avoir soin d'enlever la poussière qui peut s'être déposée sur la glace; les pignons doivent être huilés de temps en temps, afin de faciliter les mouvements de toutes les parties de l'appareil.

Héliostats. — Lorsque l'on opère avec des procédés rapides, tels que ceux au gélatinobromure, le mouvement du soleil est ordinairement réduit à si peu de chose pendant la durée de la pose, qu'il peut être négligé.

Mais, dans certains cas, celui d'un agrandissement considérable, par exemple, il est indispensable de maintenir les rayons lumineux très exactement dans l'axe de l'appareil, et le mouvement donné à la main est insuffisant. Il faut alors actionner le miroir par un mouvement d'horlogerie. Mais, pour atteindre ce but, il faut que les axes des pièces qui constituent le porte-miroir tournent avec une vitesse déterminée et se trouvent dans des positions assignées par les lois qui président au mouvement de la Terre autour de son axe. Les *héliostats*, ou miroirs à mouvements d'horlogerie, permettent de maintenir dans une même direction les rayons solaires.

Il existe plusieurs systèmes de ce genre, mais, en Photographie, on n'use guère que de ceux de Van Monckhoven et de Derogy.

Héliostat du Dr Van Monckhoven. — Cet instrument (*fig.* 9) est entièrement en bronze, en cuivre ou acier; le miroir est rectangulaire, à coins coupés, et argenté avec soin. Pour l'orienter, on rend d'abord le plateau support horizontal, à l'aide d'un niveau. On tourne l'axe polaire jusqu'à ce que le cercle des heures porte l'heure vraie en face de l'index. On fait marquer la déclinaison du jour au cercle que porte l'axe horizontal du miroir. Dans cette position, les rayons solaires en-

Fig. 9.

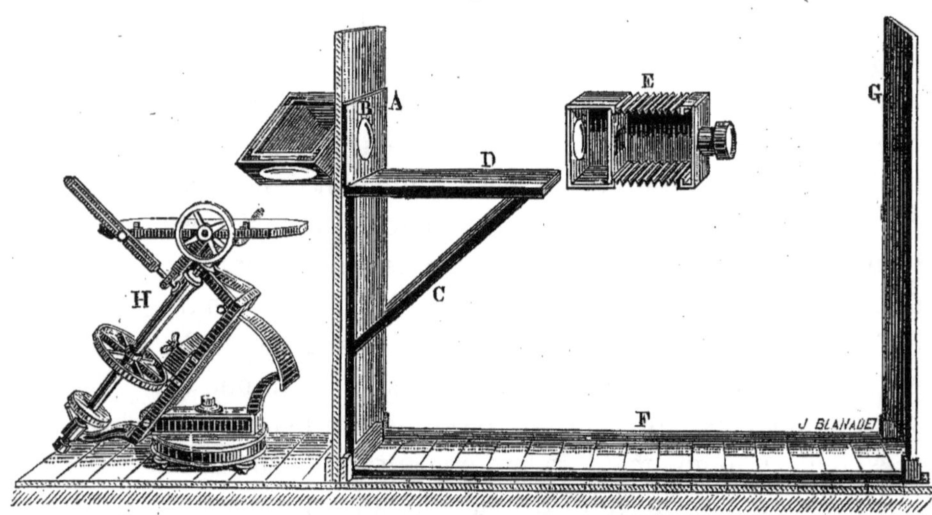

trant dans la pinnule évidée doivent former une image ronde au centre de la pinnule opposée; et si cela n'a pas lieu, on tourne tout l'instrument sur son plateau, jusqu'à ce que cet effet se produise; on serre ensuite la vis de l'axe, et l'instrument est orienté. Il est alors mis en marche, et désormais, toute la journée les rayons solaires resteront en place, malgré la marche apparente du Soleil.

L'instrument du Dr Van Monckhoven est excellent, sa marche, d'une régularité parfaite; mais il est assez difficile à bien mettre en position, et son prix est élevé. Aussi pourrait-on lui substituer celui de M. Derogy, moins précis peut-être, mais très suffisant dans la pratique, et moins coûteux.

Héliostat de Derogy. — Cet instrument (*fig.* 10) se place verticalement dans une ouverture, une fenêtre

Fig. 10.

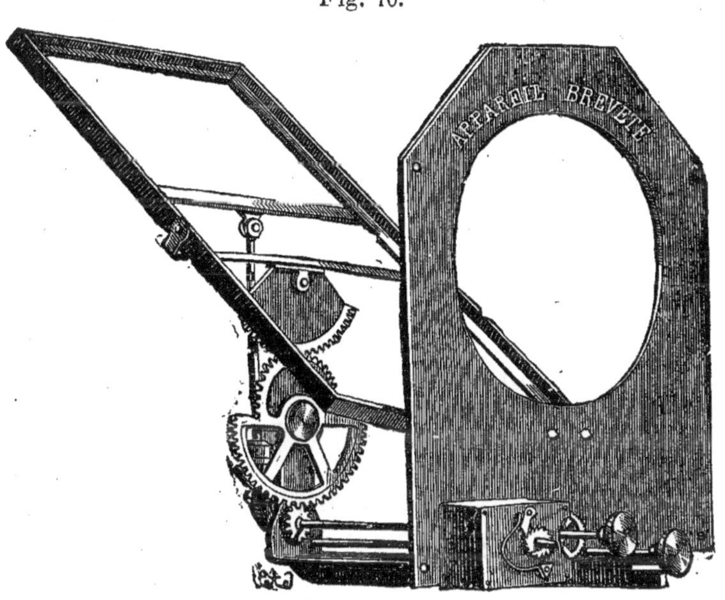

placée au sud. Pour déterminer exactement cette position, à midi précis *vrai,* on tend un fil à plomb près de l'emplacement choisi, et l'on trace sur le sol une ligne est-ouest, coupant perpendiculairement l'ombre projetée par ce fil. C'est parallèlement à cette ligne est-ouest que doit être placé le volet porte-miroir.

Afin de connaître le midi vrai du jour où l'on fait cette opération, c'est-à-dire l'heure précise à laquelle le Soleil passe au méridien, on avance ou l'on recule l'heure de midi indiquée par une montre bien réglée, de la quantité déterminée par les Tables d'équation du temps, contenues dans l'*Annuaire du Bureau des Longitudes*.

La marche apparente du Soleil étant continuellement variable, il est nécessaire de lui subordonner la marche du réflecteur, afin de maintenir les rayons réfléchis dans une direction unique. Ce résultat s'obtient avec toute la précision désirable en abaissant graduellement la lentille du balancier dans la période pendant laquelle le temps qui s'écoule entre le lever et le coucher du Soleil croît, c'est-à-dire du solstice d'hiver (21 décembre) au solstice d'été (21 juin); et, au contraire, en élevant la lentille dans la période pendant laquelle le temps qui s'écoule entre le lever et le coucher du Soleil décroît, c'est-à-dire du solstice d'été au solstice d'hiver.

Le réflecteur étant ajusté et disposé conformément aux prescriptions qui viennent d'être indiquées, on amène exactement dans l'axe le faisceau lumineux, en faisant agir les boutons adaptés aux tiges du miroir; le mouvement d'horlogerie étant alors mis en marche, l'instrument fonctionne très régulièrement. S'il se produisait quelque incorrection, avance ou retard, on corrigerait l'erreur ainsi produite par les boutons des tiges.

De toute façon la lumière du Soleil va éclairer le cliché, et la surface sensible sera plus rapidement impressionnée que dans le cas d'un éclairage par la lumière diffuse. C'est là une condition à peu près indispensable lorsqu'on veut obtenir des agrandissements considérables, car l'image devient d'autant plus grande qu'on éloigne le chevalet de l'appareil amplifiant, et alors il ne faut pas oublier que l'intensité lumineuse décroît comme le carré de la distance.

Agrandissement simple. — En avant du miroir mobile et dans l'ouverture placée au sud, on place un verre dépoli, à grain très fin et d'une dimension un peu supérieure à celle du cliché; ce verre dépoli deviendra la source lumineuse.

L'appareil amplifiant se placera comme nous l'avons indiqué en traitant de l'emploi de la lumière diffuse. En usant de la lumière solaire, il arrive souvent que l'intensité de l'éclairage est telle qu'il est difficile, avec les procédés au gélatinobromure, de poser assez rapidement : il faut alors diminuer cette intensité en interposant au delà de l'objectif un verre légèrement coloré en jaune. De cette façon, il sera possible de prolonger le temps de pose, et quelques essais préalables donneront rapidement toutes les indications nécessaires.

Mégascopes. — Nous pouvons faire entrer dans cette catégorie d'appareils à la lumière solaire les mégascopes de Chevalier et de Bertsch. Ces deux combinaisons ont bien le défaut de ne pouvoir servir que pour de très petits clichés, 4^{cm} ou 6^{cm} de côté, mais ils donnent d'excellents résultats; aussi croyons-nous utile de les décrire.

Le mégascope de Chevalier (*fig.* 11) se compose de deux parties distinctes : le réflecteur et l'appareil optique.

Fig. 11.

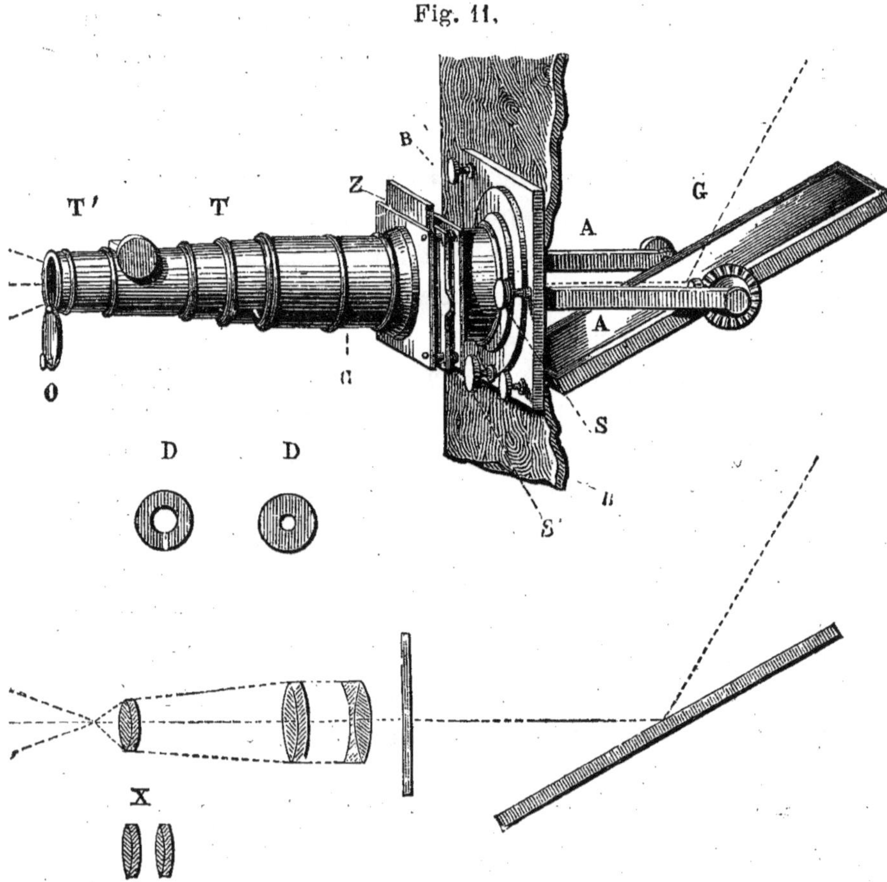

Le miroir ou réflecteur G est tenu par les pièces A, A à un large plateau en cuivre qui se fixe au volet d'une fenêtre à l'aide de deux boutons B, B'. Un engrenage circulaire et un pignon de rencontre, communiquant aux deux boutons S, S', permettent à ces derniers de donner au miroir toutes les inclinaisons et, par conséquent, d'amener l'image réfléchie du soleil dans l'axe de l'appareil.

Le tout étant ainsi mis en place, on visse sur la platine le mégascope proprement dit, ou tube contenant les lentilles. Le cliché est alors glissé entre les plaques Z, qui peuvent s'écarter en pressant sur l'une d'elles. Ces plaques étant réunies par des ressorts hélicoïdaux, il s'ensuit que le cliché se trouve maintenu de telle sorte qu'il ne peut se déplacer.

La face impressionnée du cliché sera placée du côté des lentilles; on pourra la mettre dans un cadre en bois mince, ou simplement coller sur les bords de l'épreuve des lames de carton mince et d'égale épaisseur.

Immédiatement après le cliché, se trouve, dans le premier tube C, une première lentille à convexité, tournée du côté du cliché, puis une seconde lentille biconvexe, maintenue à une distance fixe, d'un diamètre semblable à celui de la première ; enfin, une lentille plus petite, également biconvexe, est placée en avant de ce système. Cette dernière est mobile et sert à effectuer la mise au point. Avec deux lentilles de rechange, on peut obtenir tous les agrandissements nécessaires. Enfin, quand on veut obtenir le maximum de netteté, on substitue à cette dernière lentille un système de deux lentilles accouplées.

Le mégascope de Bertsch est plus simple et paraît meilleur encore : l'inspection de la *fig.* 12 en fera aisément comprendre le mécanisme.

A la condition de n'employer que de très petits clichés, cet appareil est peut-être le plus perfectionné de

Fig. 12.

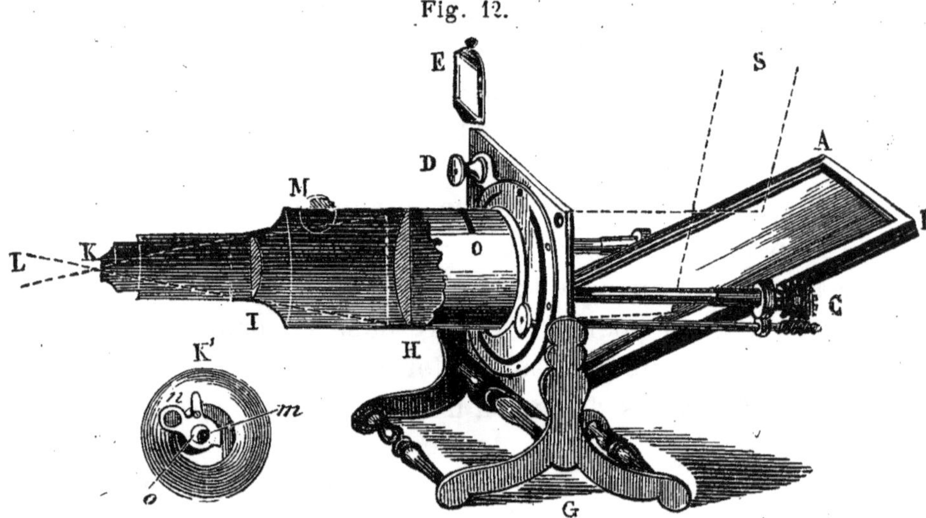

tous ceux qui ont été combinés dans le but d'obtenir des agrandissements à la lumière solaire; mais, venu trop tôt, il est tombé dans l'oubli alors qu'il méritait mieux.

Éclairage par condensateurs.

Les premiers agrandissements réussis ont été faits au moyen de la chambre solaire, appareil dans lequel les rayons solaires étaient concentrés par une grande lentille au foyer de laquelle était placé l'objectif amplifiant.

Chambre de Woodward. — Le premier modèle venu d'Amérique, chambre solaire de Woodward, donna lieu à une interminable discussion pour savoir quelles étaient les meilleures conditions à remplir pour obtenir de bonnes épreuves. Effectivement, toutes les chambres solaires ne donnaient pas de résultats semblables, et le manque de netteté était le défaut le plus ordinaire.

Diverses modifications furent alors proposées, mais les dispositions adoptées par le Dr Van Monckhoven donnèrent des résultats tellement supérieurs, qu'elles seules furent désormais employées.

On opérait alors sur papier au chlorure d'argent, et il était indispensable de concentrer le plus de lumière possible sur le cliché; malgré cela, les poses étaient encore fort longues.

L'apparition des papiers au gélatinobromure a fait abandonner beaucoup trop tôt, à notre avis, cette excellente méthode; et il y aurait lieu d'y revenir, car elle donne des épreuves incontestablement supérieures à toutes les autres.

Rien de plus facile, du reste, que de modérer la lumière, soit par l'interposition, en avant du cliché, d'une glace dépolie, soit par celle d'un verre jaune après l'objectif.

Appareil dialytique du Dr Van Monckhoven. — Nous empruntons au Dr Van Monckhoven la description de son appareil dialytique.

La chambre solaire se compose d'une longue caisse

en bois, terminée à l'avant par le condensateur, à l'arrière par l'objectif amplifiant (*fig.* 13 et 13 *bis*).

Fig. 13.

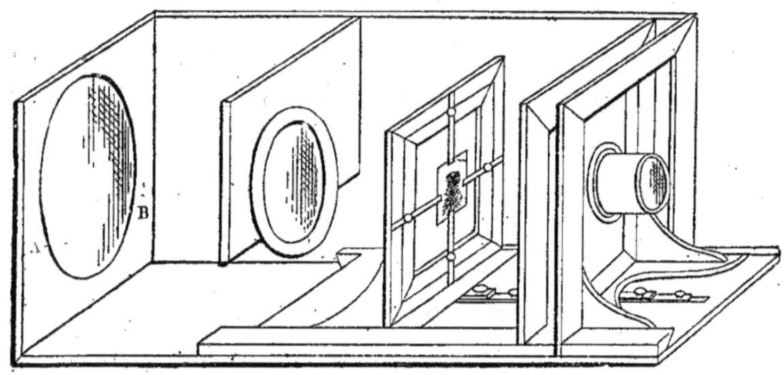

La lentille condensatrice AB varie de diamètre avec la puissance de l'appareil. Ses courbures sont telles que

Fig. 13 *bis*.

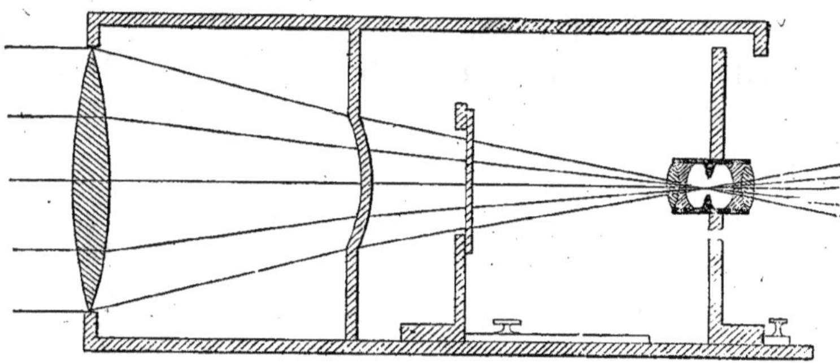

son aberration sphérique est réduite au minimum. A une distance de cette lentille égale à son diamètre, se trouve une seconde lentille très mince, ayant la forme d'un verre de montre, et qui a pour objet d'enlever complètement l'aberration sphérique du système entier. Il en résulte d'abord que le champ d'éclairage, au lieu d'être plus puissant sur les bords du cliché qu'au centre, est parfaitement uniforme sur toute la surface du cliché. De plus, les bords de ce dernier sont traversés par des rayons lumineux uniques émanés du bord

Fig. 14.

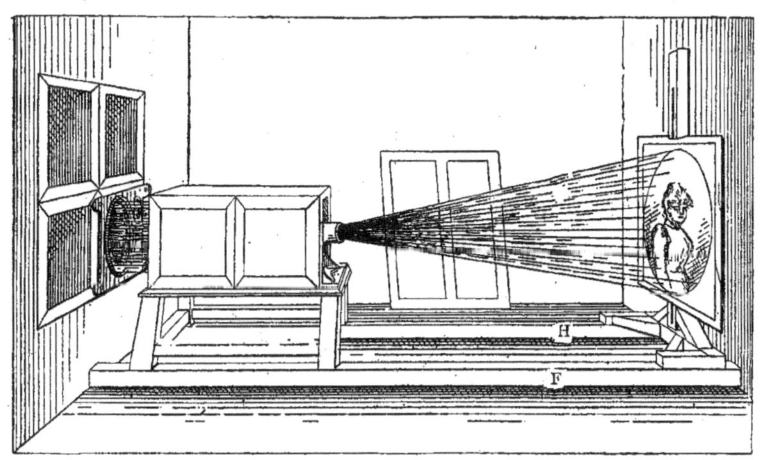

du système éclairant, ce qui donne une très grande finesse aux épreuves.

L'organisation de la pièce où se font les agrandissements doit être faite avec soin si l'on veut obtenir des résultats absolument complets, surtout avec des poses un peu longues.

La première chose à faire est de s'assurer de la solidité du plancher; s'il manque de stabilité, il est bon de faire encastrer dans les deux murs, et à 5^{cm} ou 6^{cm} du plancher, sans contact avec lui, deux poutrelles F, H (*fig.* 14). C'est là-dessus qu'on placera le pied de l'appareil et le chevalet destiné à recevoir le papier sensible. On peut alors opérer sans faire vibrer aucune des parties du système employé.

La chambre solaire sera placée bien horizontalement, en ayant soin de faire coïncider l'axe de la chambre avec celui du miroir. On voit très facilement si ces conditions sont exactement remplies en réfléchissant le soleil sur la lentille collectrice. Celle-ci doit être entièrement couverte, en même temps que la pointe du cône lumineux passe par l'objectif.

L'appareil étant installé, voyons maintenant quel en est le maniement. On commencera d'abord par couper au diamant toutes les parties du cliché qui ne doivent pas se trouver sur l'épreuve agrandie; c'est la seule manière d'éviter le bris du cliché sous l'action des rayons solaires.

Ce cliché, ainsi préparé, est placé entre les pattes en cuivre du porte-cliché (*fig.* 15). La surface qui porte

Fig. 15.

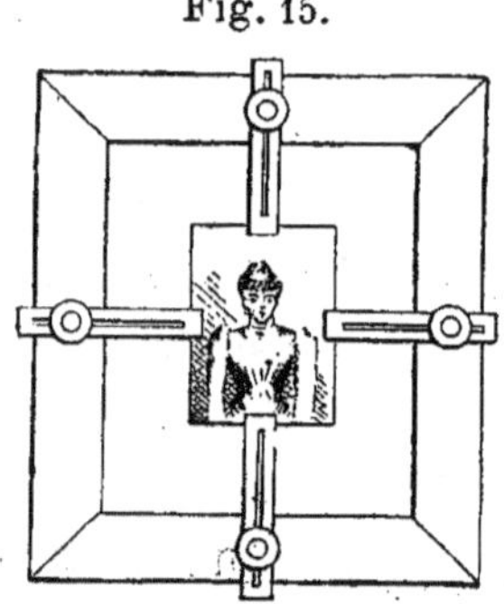

l'image est tournée du côté de l'objectif; dans le cas contraire, l'image serait à l'envers. Maintenant, à l'aide du bouton et de la crémaillère, on fait mouvoir le cliché d'avant en arrière, de telle sorte que le bord rouge qui termine le cercle de lumière que l'on voit sur le cliché en le regardant par derrière, tombe presque sur les bords du cliché, mais en tout cas touche positivement ses angles.

Il s'agit maintenant de la mise au point. On remarquera tout d'abord (en ne se préoccupant pas pour le moment de la mise au point) qu'en avançant et en reculant l'objectif, et en examinant la trace de l'image solaire sur la petite lentille de l'objectif, il y a une place où cette image est la plus petite possible. C'est la place que l'objectif doit occuper pour opérer dans les meilleures conditions. Si l'on avance ou recule le châssis porte-épreuve, l'image devient bientôt nette. Mais ce serait un pur effet de hasard que cette image occupât juste la dimension de la feuille de papier sensibilisée ; il faut donc changer de place ou le cliché ou l'objectif. Mais nous avons vu qu'il ne fallait pas toucher au cliché, que si ses bords n'étaient pas éclairés, ils étaient exposés à casser. Donc, une fois le cliché mis en place, il est bon de le déranger le moins possible : l'objectif changera donc de place.

Il est bon d'ajouter cependant que, lorsqu'on interpose un verre dépoli entre la lentille condensatrice et le cliché, on peut faire mouvoir le cliché en avant sans inconvénient. On peut alors laisser l'objectif exactement à la place voulue, et les agrandissements n'en seront que meilleurs.

Les objectifs de l'appareil dialytique peuvent recevoir des diaphragmes ; mais il ne faut se servir de ceux-ci que lorsqu'il y a des nuages qui obscurcissent momentanément le soleil; dans le cas contraire, il ne faut pas user de diaphragmes.

Quel que soit le système employé, la mise en œuvre est toujours la même; l'image agrandie du petit cliché est projetée sur une feuille de papier convenablement étendue sur une planchette. La mise au point étant effectuée, on met à la place de l'écran une feuille de papier préparée ou une glace sensible, et l'on fait poser.

Nous verrons un peu plus loin la suite des opérations nécessaires à l'obtention de cette positive agrandie; pour le moment, contentons-nous de faire remarquer que les poses au soleil sont toujours très courtes, et qu'il est indispensable quelquefois d'interposer un verre jaune pour atténuer l'intensité de la lumière.

III. — AGRANDISSEMENTS A LA LUMIÈRE ARTIFICIELLE.

Appareils.

Les procédés d'agrandissement ne sont réellement entrés dans la pratique qu'à partir du moment où l'on a eu recours à la lumière artificielle; mais cette méthode n'était possible qu'avec des procédés extrêmement sensibles. Aussi peut-on dire que c'est surtout à l'apparition des procédés au gélatinobromure qu'il faut attribuer cette renaissance des agrandissements.

Les appareils, dans leurs dispositions générales, rappellent la lanterne magique, mais ils diffèrent en bien des points de l'instrument primitif.

L'appareil de projection ou la lanterne d'agrandissement se compose essentiellement d'un objectif achromatique (*fig.* 16), simple ou double, d'une courte distance

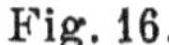
Fig. 16.

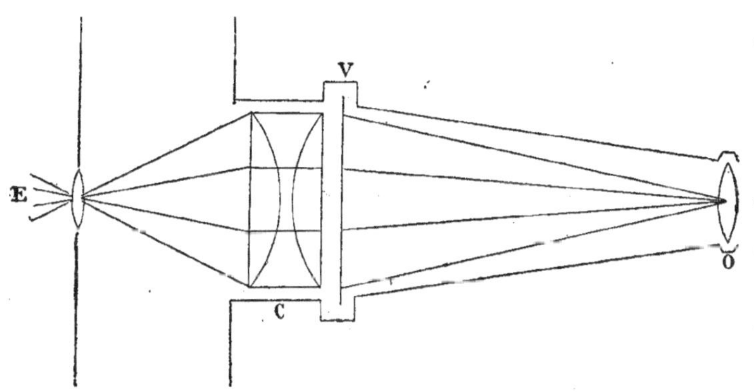

focale, 12^{cm} à 15^{cm}, qui donne sur un écran plus ou moins éloigné une image réelle, renversée et agrandie, d'une épreuve sur verre placée un peu au delà de la distance focale de l'objectif. Mais, comme cette image est vue, non directement comme dans une lunette, mais par diffusion, une grande quantité de lumière est absorbée par l'écran. Aussi, pour que cette image ne soit pas trop sombre, il faut éclairer très vivement l'image originale, cliché ou dessin. On emploie à cet effet la lumière électrique, la lumière Drummond, ou une lampe au pétrole, placée en E.

Mais comme une lentille de 12^{cm} à 15^{cm} de distance focale ne peut dépasser 4^{cm} ou 5^{cm} de diamètre sans que les aberrations de sphéricité ne viennent troubler profondément la netteté de l'image, il faut que les rayons qui ont passé à travers le cliché convergent vers l'objectif O, afin qu'ils puissent tous le traverser. Pour cela, le cliché V est placé contre un système convergent C (un concentrateur formé par deux lentilles de grand diamètre que les rayons traversent avant de tomber sur lui). Le foyer du système éclairant doit être tel qu'il forme sur l'objectif une image de la source lumineuse qui est près de l'accumulateur.

Nous allons examiner successivement les différentes parties de l'appareil et voir quelles sont les conditions que chacune d'elles doit remplir.

Tout appareil d'agrandissement se compose de trois parties distinctes : la lanterne, la source de lumière, le système optique. Enfin nous dirons un mot des chevalets.

LANTERNE.

La lanterne, ordinairement faite en tôle, doit contenir la source lumineuse et donner attache à sa partie antérieure au système optique. Une des conditions essentielles de toute bonne lanterne est de laisser pénétrer à son intérieur une masse d'air suffisante pour assurer un bon éclairage et empêcher un échauffement trop considérable de tout l'appareil. De plus, cette ventilation doit être obtenue sans que le moindre filet de lumière puisse s'échapper de la lanterne.

Celle-ci se pose tantôt directement sur une table, tantôt elle est supportée par quatre colonnes qui permettent une manœuvre plus facile du chalumeau employé pour la lumière Drummond (*fig.* 17). La cheminée qui

Fig. 17.

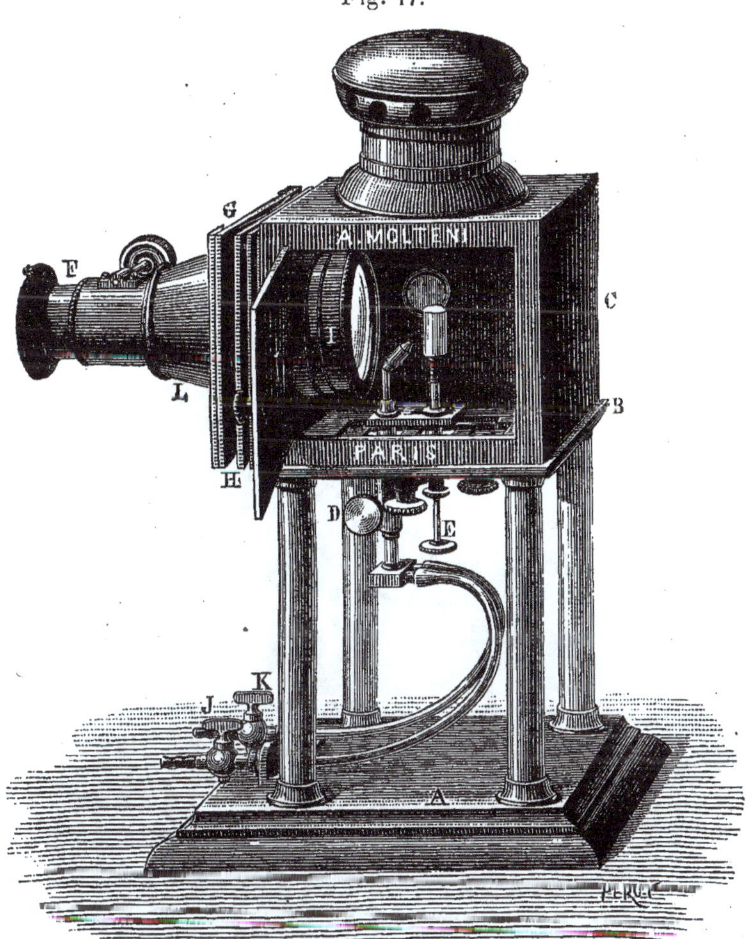

surmonte la source lumineuse ne doit pas laisser échapper de lumière, et cependant assurer un tirage facile.

On trouve aujourd'hui dans le commerce divers modèles de lanternes à agrandissement qui donnent d'excellents résultats, et qui ne diffèrent les uns des autres que par quelques détails de construction.

Lanterne de Molteni.

L'appareil de M. Molteni (*fig.* 18) se compose d'une lanterne en tôle, munie à sa partie postérieure d'un

Fig. 18.

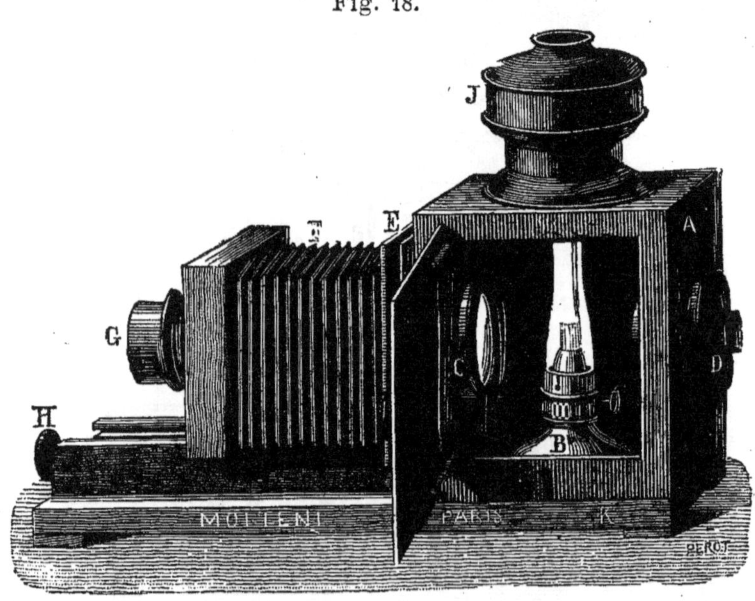

réflecteur en verre argenté. Une lampe à bec rond fournit la lumière et éclaire les deux condensateurs fixés à la face opposée à celle qui porte le réflecteur. L'objectif est porté par une sorte de chambre à soufflet à vis de rappel, qui permet une mise au point fort exacte, quel que soit l'agrandissement qu'on désire obtenir.

Les clichés s'introduisent dans l'appareil au moyen d'un châssis de bois, entre deux plaques à ressort qui font appuyer le cliché contre les condensateurs.

Lanterne universelle de MM. Clément et Gilmer.

Cet appareil (*fig.* 19) est monté sur une planchette

Fig. 19.

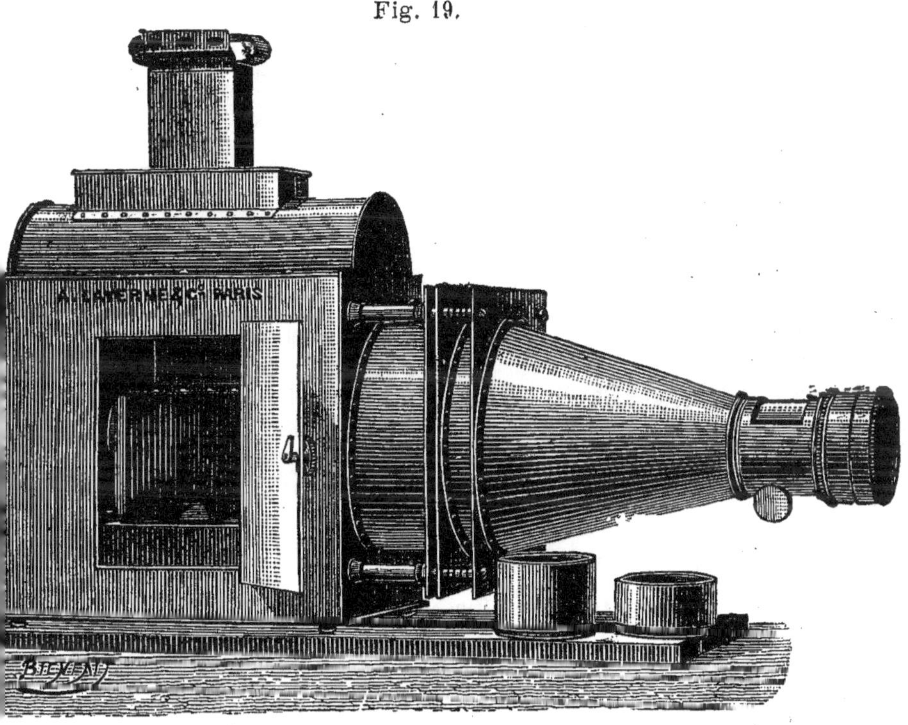

en bois, et les plaques supportant le cliché, solidement maintenues par des colonnes, assurent un centrage parfait. Des barillets de rechange permettent d'allonger le tube porte-objectif lorsqu'on veut faire des agrandissements peu considérables. La lampe est à mèches multiples.

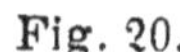

Fig. 20.

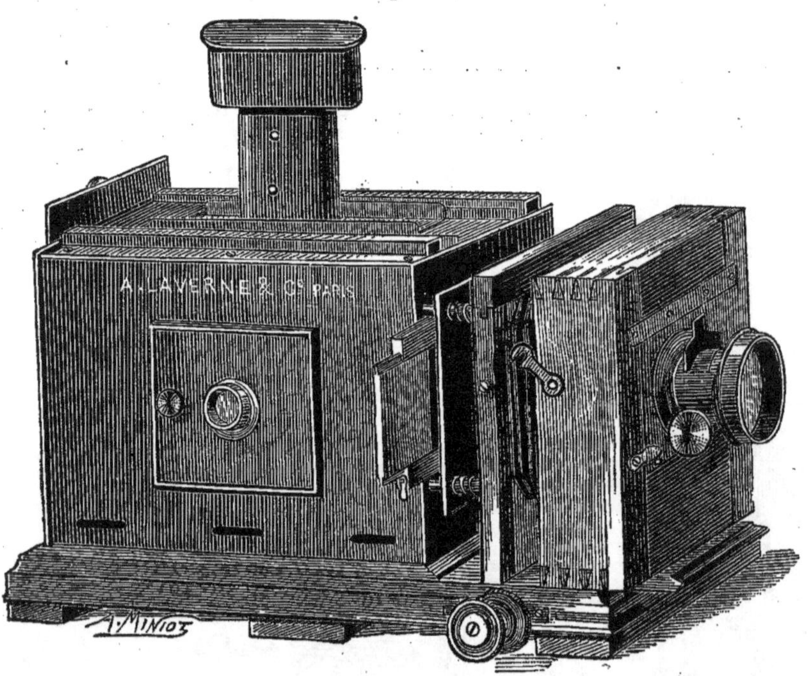

Il existe trois modèles de ce genre :

L'un, à condensateur de 10^{cm} pour clichés de 7×8;

L'autre, à condensateur de 15^{cm}, pour les 8×9;

Le troisième, à condensateur de 22^{cm}, pour les plaques 13×18.

La *grande lanterne à agrandissement* (*fig.* 20) des

mêmes constructeurs, est un appareil très perfectionné. Il est muni de deux portes, l'une en arrière, l'autre sur le côté, disposition qui permet d'employer à volonté l'éclairage au pétrole, qui se règle par la porte de der-

Fig. 21.

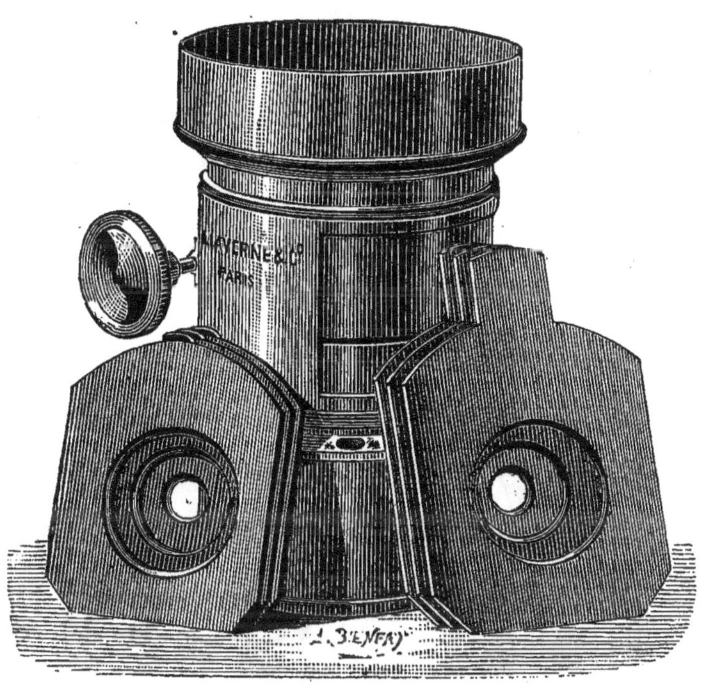

rière, ou bien la lumière Drummond, qu'il est plus facile de surveiller par une porte latérale.

La lampe est à trois mèches, avec chapeau coulissant, de telle sorte que, quel que soit le déplacement qu'il faille donner à la lampe, il ne s'échappe aucun filet de lumière.

Fig. 22.

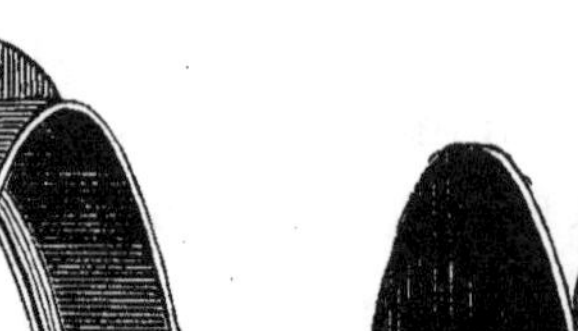

Fig. 23.

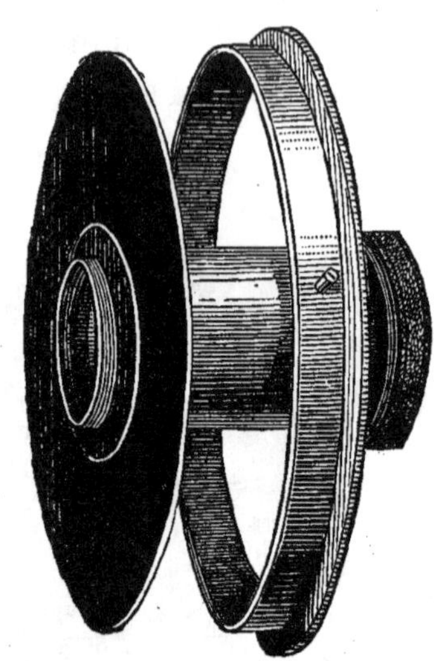

Fig. 24.

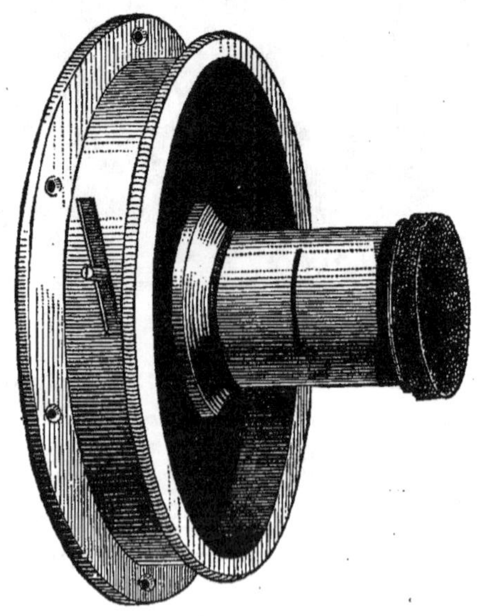

La lanterne ainsi constituée est montée sur un socle en bois de chêne, supportant à l'avant un soufflet à double bouton de crémaillère, à l'extrémité de laquelle est fixé l'objectif.

La mise au point s'effectue ainsi avec la plus grande facilité, et le volume de l'appareil est extrêmement réduit.

Le n° 1 est muni d'un condensateur de 15^{cm}, d'un objectif tiers de plaque, et peut recevoir des clichés 9×12.

Le n° 2 porte un condensateur de 22^{cm} de diamètre, un objectif demi-plaque, et peut agrandir des clichés 13×18.

Ces divers objectifs portent des diaphragmes centraux (*fig.* 21), mais il est quelquefois préférable d'appliquer le diaphragme à la face de sortie des rayons lumineux; un simple carton noir percé d'un trou au centre, et placé dans le parasoleil de l'objectif, suffit amplement à l'effet cherché.

Enfin, dans certaines circonstances, il peut être très utile de changer d'objectif, suivant la grandeur du cliché et suivant celle de l'agrandissement que l'on cherche à obtenir; dans ce cas, il sera bon de munir la planchette porte-objectif de la bague universelle de M. Molteni (*fig.* 22, 23, 24).

Lanterne Cantilewer. — Cette lanterne (*fig.* 25) diffère de toutes les précédentes par sa lampe, qui est absolument indépendante de l'appareil amplificateur; par la disposition de la partie antérieure mobile par le moyen de coulisses en cuivre. Ceci permet une très grande

Fig. 25.

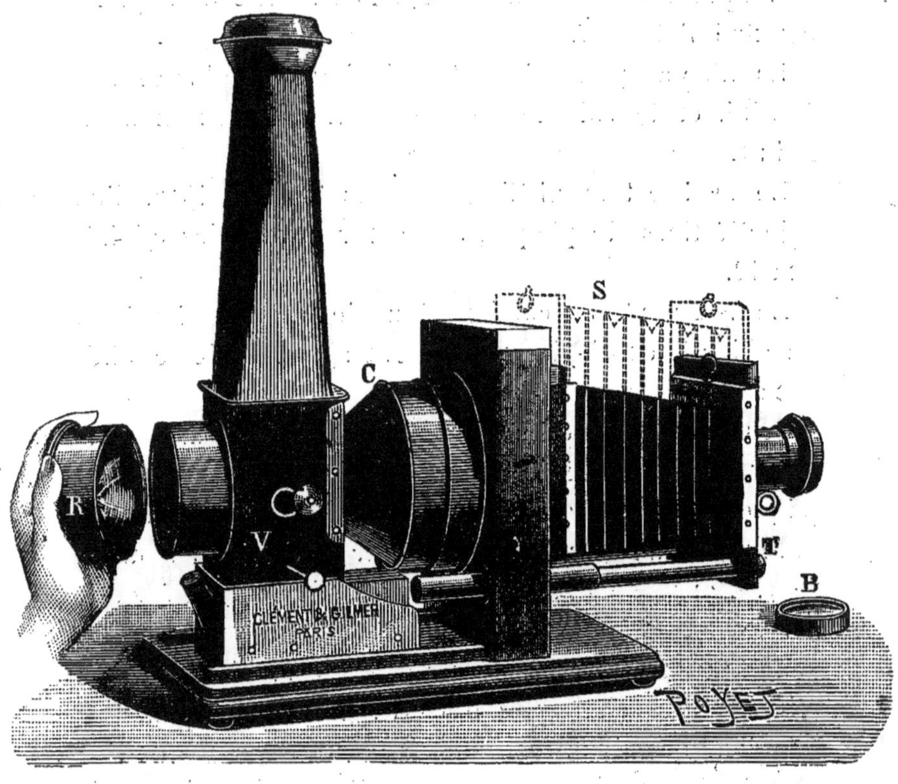

latitude dans les agrandissements, ce qui n'est pas possible avec les lanternes ordinaires.

La *Minerve* (*fig.* 26). — M. Demaria a également combiné une lanterne du même genre, et qui a l'avantage de permettre de remplacer la lampe au pétrole par un bec Auer : avantage considérable lorsque l'on

Fig. 26.

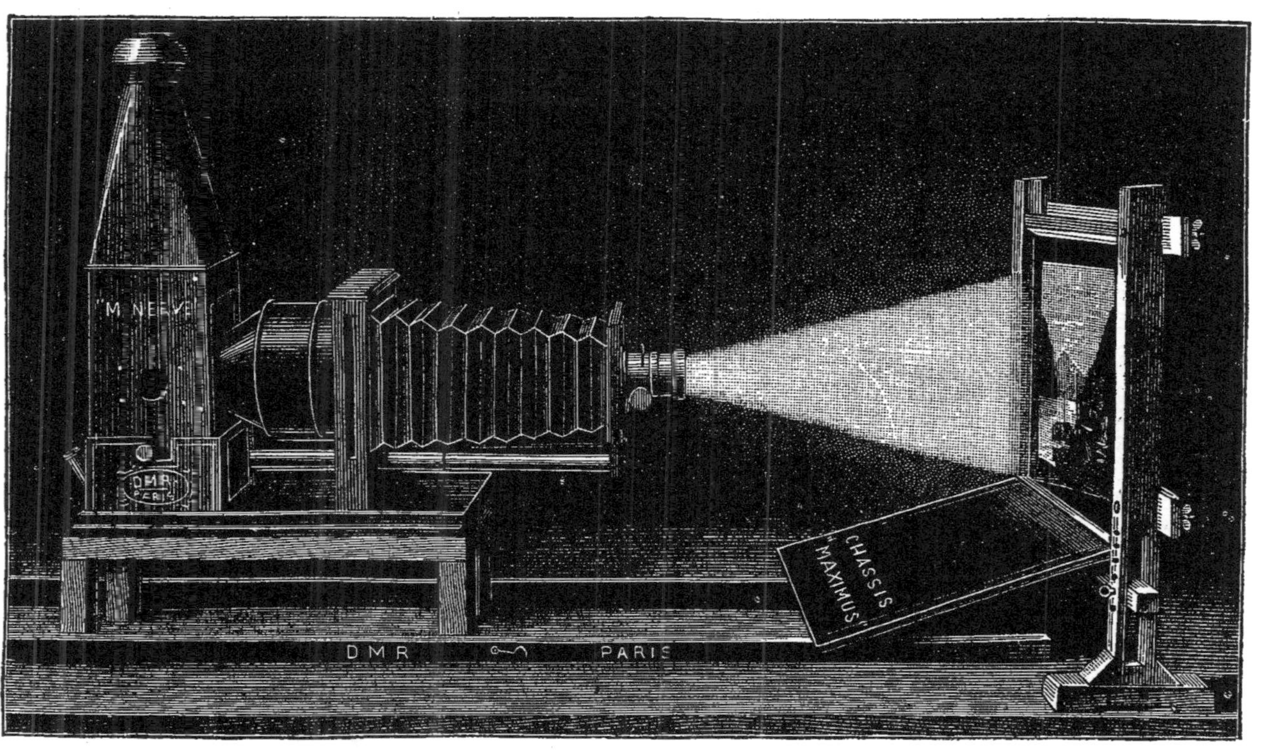

dispose d'une prise de gaz; car ce système permet de diminuer beaucoup les temps de pose.

La *lanterne Additional* (*fig.* 27), du même constructeur, permet de transformer aisément les chambres

Fig. 27.

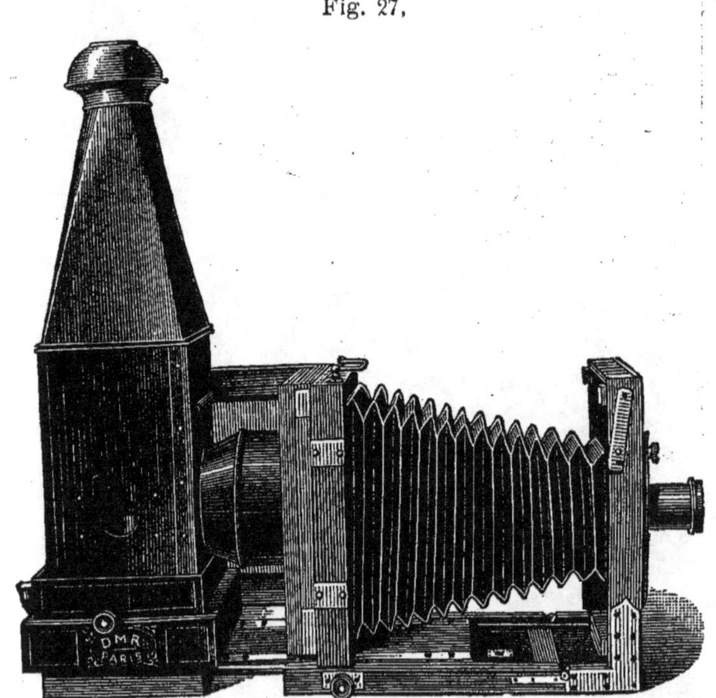

noires de touristes en appareil d'agrandissement, sans avoir à leur faire subir de modification. L'inspection de la figure fera aisément comprendre la manœuvre de cet appareil.

SOURCE LUMINEUSE.

Celle-ci peut être une lampe électrique, un chalumeau pour la lumière Drummond, une lampe au pétrole.

Lumière électrique.

La lumière électrique et la lumière Drummond donnent les résultats les plus parfaits, non seulement à cause de leur intensité, mais surtout à cause du peu d'étendue du point lumineux; les images sont alors plus nettes sur les bords, condition difficile à remplir avec les lampes à large foyer lumineux.

La lumière électrique est excellente, mais elle nécessite un outillage dispendieux : piles ou machines électromagnétiques, à moins que l'on habite une ville où l'éclairage électrique est installé. Dans ce cas, il suffit d'un fil d'abonnement, et il n'y a plus à s'occuper de la production du courant électrique.

Mais ce n'est encore là qu'une exception, et il n'y a que peu de villes en France qui possèdent ce genre d'éclairage.

Deux méthodes peuvent être employées pour la production de l'électricité : la pile ou les machines.

Pile de Bunsen. — Il faut de trente à quarante couples Bunsen grand modèle pour obtenir une bonne lumière. Malgré les ennuis que donne le montage de cette pile, c'est encore la meilleure pour la production de la lumière; elle est d'une régularité très suffisante, et il est rare qu'elle ne fonctionne pas du premier coup. Je ne pourrais en dire autant des piles au bichromate, malgré toutes les réclames faites à leur sujet. Ces dernières ne peuvent être utilisées que pour actionner des lampes à incandescence; tandis que pour des lampes à arc la pile Bunsen est indispensable.

Machines électrodynamiques. — Les machines d'induction sont beaucoup plus commodes, mais elles nécessitent l'emploi d'un moteur, condition qui n'est pas toujours facile à remplir. Dans une installation spéciale, un moteur à gaz ou au pétrole est excellent. Il a l'avantage de tenir peu de place et de pouvoir être mis en marche sans préparatifs. Mais moteur et machine électrodynamique sont encore d'un prix élevé et entraînent toujours une forte dépense.

Accumulateurs. — On peut encore user, comme source lumineuse, des accumulateurs, réservoirs dans lesquels on emmagasine l'électricité, que celle-ci soit produite par une pile ou par une machine. Mais ce n'est que dans des cas tout particuliers que les accumulateurs peuvent être employés avec succès, lorsque, par exemple, on peut profiter d'une force motrice intermittente.

Il ne faut pas oublier que, jusqu'à présent, les accumulateurs sont des instruments lourds, encombrants, et qui se détériorent assez facilement. Un accumulateur parfait est encore à trouver.

Régulateurs. — Les modèles de lampes sont assez nombreux; les unes sont à régulateur et maintiennent le point lumineux en place, grâce à un mouvement d'horlogerie actionné par le courant lui-même.

Mais, à notre avis, il est préférable, pour les agran-

Fig. 28.

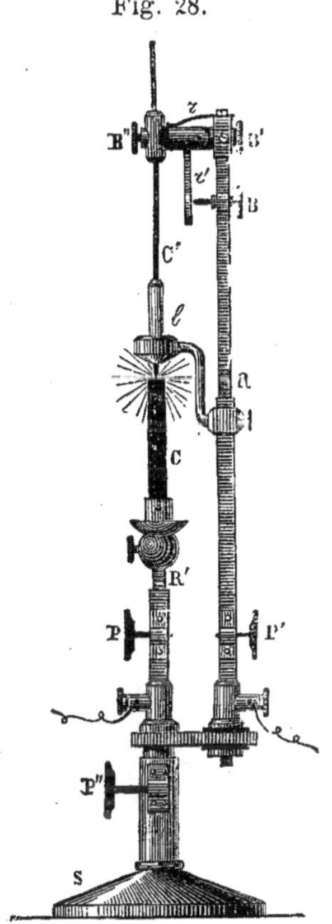

dissements, d'employer des lampes plus simples, sans régulateurs automatiques, et dans lesquelles les charbons se meuvent à la main.

Le modèle que représente la *fig.* 28 est dû à M. Boudréaux, et construit par M. Ducretet.

Le charbon supérieur C′ s'applique légèrement sur le charbon inférieur plus gros C, quand on desserre la vis B″. Le charbon supérieur est guidé par un anneau *l* évasé en dessus et contenant un peu de mercure, qui ne peut s'échapper par les joints, trop étroits, et qui lui apporte l'électricité négative par P′R*l*. Les boutons B, B″ servent à régler la direction du charbon C″; les pignons à crémaillère P, P′ permettent de changer la distance des supports des charbons, et le pignon P″, de déplacer verticalement tout l'appareil, pour mettre le foyer lumineux à la hauteur voulue.

Régulateurs de Molteni. — Les deux modèles de Molteni (*fig.* 29 et *fig.* 30), sont encore plus simples; ils

Fig. 29. Fig. 30.

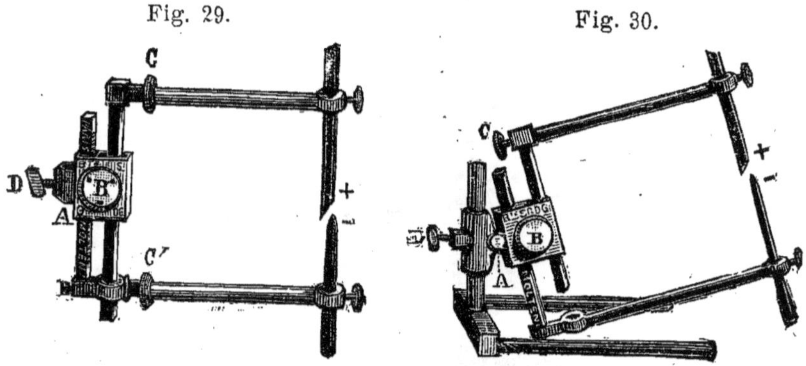

peuvent se placer dans toutes les lanternes; enfin ils permettent d'incliner les deux charbons de façon à bien présenter en face du condensateur le *cratère* lumineux.

Régulateur de Duboscq. — On peut encore utiliser le régulateur de Duboscq. Celui-ci est monté sur un pied à crémaillère qui permet le centrage du point lumineux. Le rapprochement des charbons s'effectue au moyen d'un seul bouton, dont l'axe porte deux pignons isolés, l'un ayant un diamètre double de l'autre. Les porte-charbons sont mobiles, et les charbons peuvent être remplacés sans être obligé d'enlever le régulateur de la lanterne.

Régulateur Clégil (*fig.* 31). — Le modèle de MM. Clément et Gilmer a été combiné pour pouvoir entrer aisément dans les lanternes; il fonctionne très régulièrement, et la simplicité de son mécanisme le met à l'abri de tout dérangement.

Les régulateurs à main sont peut-être préférables en toutes circonstances aux régulateurs automatiques; avec ces derniers, on compte trop sur leur bon fonctionnement, et si un accident survenait, il est quelquefois difficile de porter remède immédiatement au mal. Avec les régulateurs à main, on est toujours maître de sa lumière. De plus, on évite avec eux ce bruit désagréable qui se produit souvent avec les appareils automatiques, et qui dépend tantôt d'un défaut de réglage, tantôt d'une variation dans l'intensité du courant.

L'emploi de la lumière électrique pour les agrandissements n'est réellement utile que dans le cas des forts grossissements, car elle a une puissance photogénique considérable, et permet des temps de pose relativement courts.

Les lampes à incandescence ne sont pas à conseiller pour le cas qui nous occupe; leur surface lumineuse est trop grande; elles nécessitent un réflecteur, et il

Fig. 31.

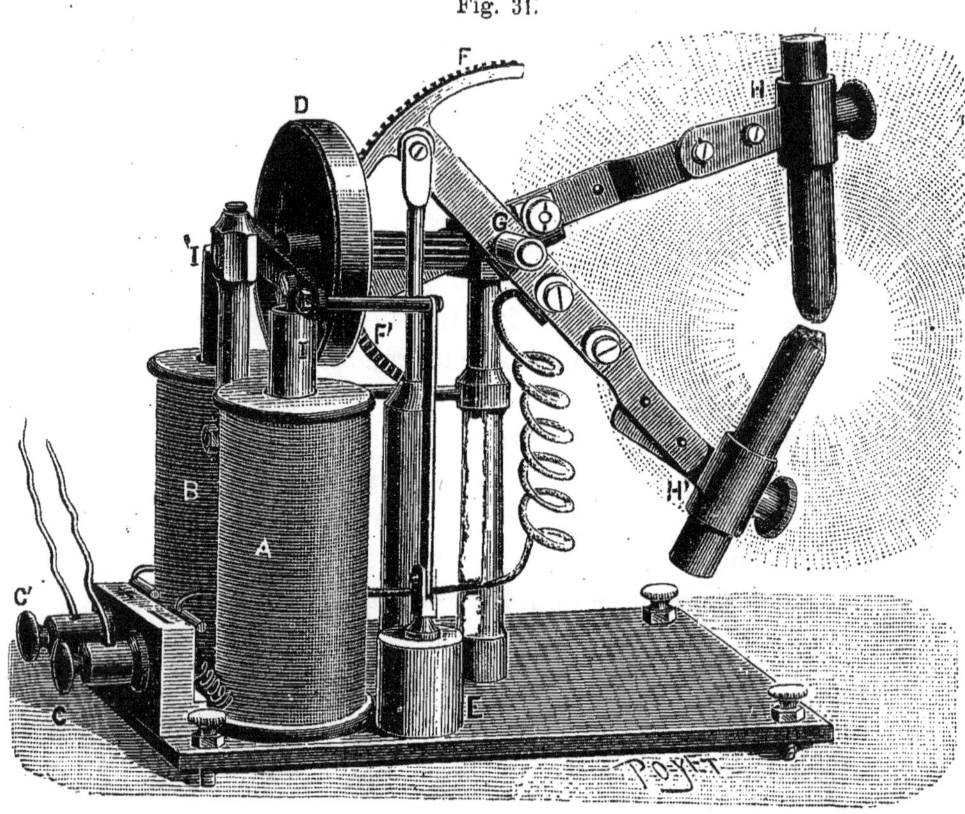

est presque impossible, avec elles, d'obtenir une surface éclairée uniformément.

Lumière oxyhydrique.

Le meilleur, surtout le plus commode, de tous les éclairages artificiels est celui que l'on obtient par l'incandescence d'un cylindre de chaux au moyen d'un mélange de gaz hydrogène et oxygène : lumière Drummond, lumière oxyhydrique. Ici le foyer lumineux est réduit à une surface très petite et, de plus, il est très facile d'obtenir un éclairage intense et d'une très grande fixité.

Le seul inconvénient de cette méthode est l'obligation de préparer le gaz oxygène, opération facile, il est vrai, mais qui peut devenir dangereuse entre les mains d'un opérateur inexpérimenté ou peu soigneux. A Paris, on peut éviter tous ces ennuis, car on trouve aujourd'hui à l'usine de MM. Brin de l'oxygène comprimé dans des tubes d'acier.

La lumière oxyhydrique se produit en brûlant un mélange d'hydrogène et d'oxygène ; cette flamme est peu éclairante par elle-même, mais elle possède une puissance calorifique considérable (1400° à 1500°), et elle porte facilement à l'incandescence certains corps ; mais les uns se volatilisent alors, l'acier, par exemple, et donnent bien une lumière éblouissante, mais de courte durée. La chaux vive, au contraire, malgré cette température énorme, ne se volatilise pas et demeure incandescente.

Un chalumeau sert à opérer la combustion des deux gaz ; ceux-ci ne doivent pas être en proportions quelconques : pour obtenir le maximum d'effet, ils doivent être mélangés dans la proportion de 1^{vol} d'oxygène contre 2^{vol} d'hydrogène.

Hydrogène. — Lorsque l'on peut faire usage du gaz d'éclairage, hydrogène carburé, il suffit de relier par un tube de caoutchouc le chalumeau à une olive fixée au lieu et place d'un bec de gaz, ou sur une prise spéciale. Il est important de ne pas fixer le tube en caoutchouc sur un bec papillon, par exemple, le débit serait beau-

Fig. 32.

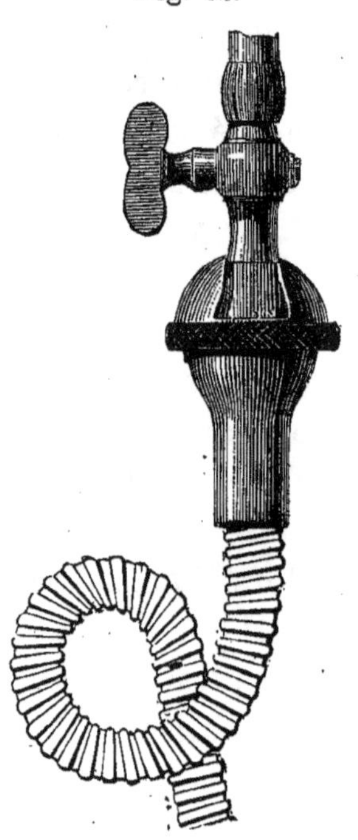

coup trop faible; il faut donc dévisser ce bec et le remplacer par une olive; on cherchera aussi à placer horizontalement ou verticalement en bas cette olive, afin d'éviter un coude trop brusque du tube de caoutchouc qui intercepterait le passage du gaz.

Dans le cas où l'on ne pourrait changer la direction de l'olive de prise, il faudrait remplacer le tube de caoutchouc par les tubes métalliques flexibles que l'on fabrique à cet effet (*fig.* 32). Par une disposition très simple, que l'on voit sur la figure, on relie rapidement ce tube à l'olive.

Si l'on n'avait pas d'olive à sa disposition, il faudrait dévisser le bec papillon et fixer le tuyau de caoutchouc, ou le tube flexible, sur le pas de vis qui termine le tube d'arrivée du gaz.

Si l'on emploie le caoutchouc, il sera prudent de poser une ligature.

Mais il peut arriver que l'on ne puisse utiliser le gaz d'éclairage; il faut alors fabriquer de toutes pièces l'hydrogène.

Vapeurs d'éther. — L'hydrogène peut être remplacé par les vapeurs d'éther, et la lumière ainsi produite est peut-être plus intense que par les procédés que nous venons de décrire.

Mais les premiers appareils proposés dans ce but présentaient un véritable danger, et c'est depuis peu de temps que la lumière oxy-éthérique est devenue pratique. Pour les agrandissements elle a l'avantage de donner une lumière très blanche, très fixe et d'un grand pouvoir photogénique.

Le *chalumeau Securitas* de M. Molteni (*fig.* 33) peut être utilisé en toute sécurité, comme le dit son nom. Il ne faut pas oublier, en effet, que, pour qu'un récipient fasse explosion, il faut qu'il contienne un mélange détonant, et que ce mélange soit en quantité suffisante pour amener la rupture de l'enveloppe qui le renferme. Or, la construction de ce chalumeau est telle qne le mélange de vapeurs et d'oxygène ne se produit pas dans les proportions voulues pour faire explosion et, de plus, la quantité en est trop trop faible pour faire céder les parois, qui sont en bronze épais. Ce chalumeau se com-

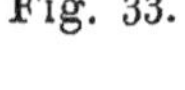

Fig. 33.

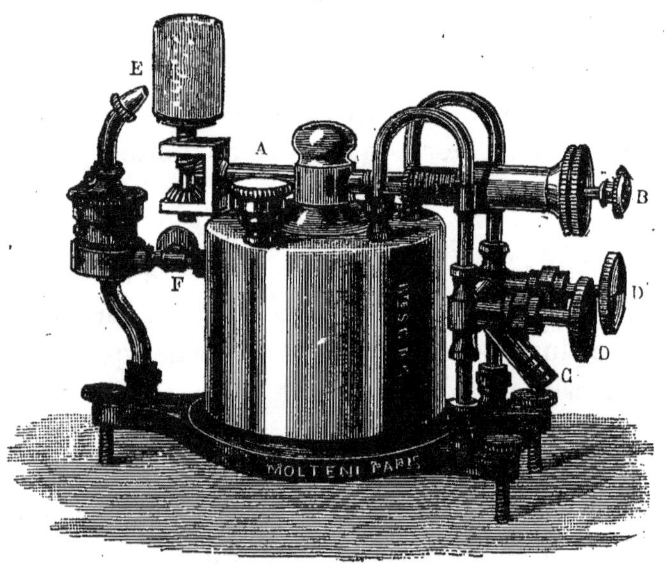

pose d'un corps cylindrique ou saturateur, divisé en un certain nombre de compartiments, deux au minimum, contenant les matières absorbantes destinées à emmagasiner le liquide volatil. Au saturateur sont fixés les différents organes complétant l'appareil, c'est-à-dire le chalumeau, le porte-chaux et les robinets ou valves de réglage.

L'appareil étant chargé, on met en communication

avec le réservoir d'oxygène la tubulure qui est entre les deux robinets; cette tubulure est montée sur une pièce en forme de T, de façon qu'en arrivant l'oxygène se divise en deux portions : l'une passe par le saturateur, s'y carbure et, continuant à traverser l'appareil, arrive au bec du chalumeau où on l'allume. L'autre portion se rend au chalumeau sans traverser le carburateur et détermine la formation du dard qui porte à l'incandescence le cylindre de chaux.

La mise en marche de l'appareil se fait ainsi :

1° Commencer par ouvrir la valve B afin de laisser sortir l'air pendant le remplissage;

2° Dévisser le bouchon A et verser doucement dans l'appareil 150^{cc} d'éther sulfurique;

3° Après avoir versé l'éther, on attend quinze à vingt minutes, et l'on retourne l'appareil, pour recueillir dans un flacon l'excédent de liquide;

4° L'appareil étant chargé plusieurs heures à l'avance, peut être transporté sans inconvénient.

Pour la mise en marche : réunir, à l'aide d'un tuyau de caoutchouc, la tubulure C, qui est entre les deux robinets à valve, avec le réservoir d'oxygène. Ouvrir le robinet du réservoir, puis la valve B, en avant du saturateur, et, ensuite, la valve noire D, par laquelle l'oxygène pénètre dans l'appareil; le gaz s'échappe alors par le bec E du chalumeau, où on l'allume comme du gaz ordinaire.

La flamme sera réglée à l'aide de la valve noire D, de façon à avoir une hauteur de 6^{cm} à 8^{cm}.

Maintenant, on tourne lentement la valve polie D',

qui laisse passer la portion d'oxygène pur se rendant directement au chalumeau.

Sous l'influence du courant d'oxygène non carburé, la flamme diminue de longueur, le dard se forme et la chaux devient incandescente.

Il ne reste plus qu'à régler l'arrivée des deux portions d'oxygène, en manœuvrant les deux valves D et D', de façon à obtenir le maximum d'intensité, en se rappelant que ce n'est pas la grande quantité des deux gaz qui donne le plus de lumière, mais bien leurs proportions.

L'intensité se juge non pas en regardant la chaux qui est éblouissante, mais en regardant sur l'écran l'effet produit par la manœuvre des valves.

L'arrivée du gaz étant réglée, on modifiera la distance de la chaux au bec du chalumeau en tournant dans un sens ou dans l'autre le bouton F; on obtient plus ou moins de lumière en faisant varier cette distance.

Chalumeau de Mazo. — Le chalumeau de M. Mazo (*fig.* 34) est également très bon; il est très solide, très robuste, et sa maneuvre est simplifiée.

Pour charger l'appareil, on ouvre le robinet en plaçant la manette C dans le sens de la tubulure B, et l'on dévisse en entier la valve E. De cette façon, l'air qui peut être contenu dans l'appareil peut s'échapper complètement. On introduit environ 100gr d'éther dans la lampe en dévissant le bouton supérieur A, que l'on revisse immédiatement; l'appareil doit être chargé une heure à l'avance.

Pour allumer, on dévisse légèrement la valve E, qui laisse alors monter le gaz, et l'on ouvre le robinet en plaçant la manette C dans le sens de la tubulure B que l'on relie aussitôt avec le tube d'oxygène.

On peut alors ouvrir ce dernier : si l'appareil est bien en état, le gaz doit sortir sec, c'est-à-dire ne projeter

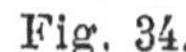

Fig. 34.

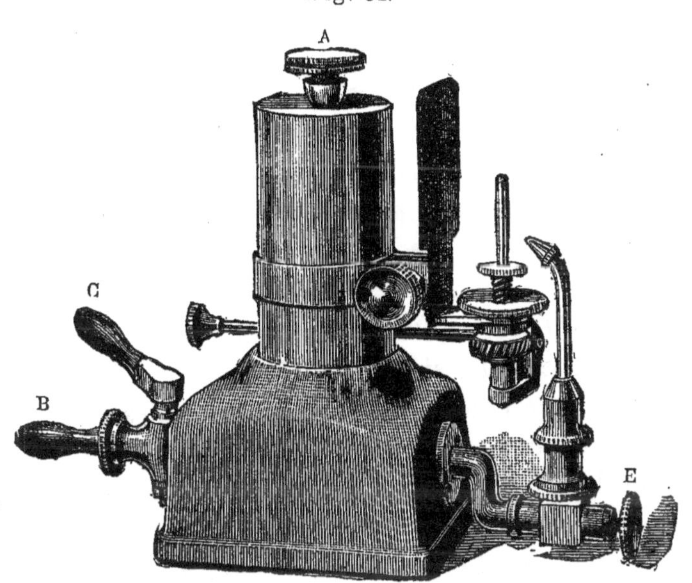

sur la main placée devant l'ouverture aucune humidité. Si le gaz est humide, il y a au début des crachements ou des oscillations de la lumière qui disparaissent par suite du fonctionnement de l'instrument, mais que l'on supprime en laissant passer l'oxygène à haute pression et en faisant brûler à flamme haute.

Quand on allume, il faut laisser passer peu d'oxygène en ouvrant légèrement le tube à gaz. Le bâton de chaux s'échauffe peu à peu, et l'on donne ensuite plus de gaz jusqu'à ce que la flamme atteigne la plaque de tôle placée derrière la chaux. Si à ce moment on pousse peu à peu la manette vers la gauche (et jamais à droite), on permet à l'oxygène pur de passer, et la lumière devient éblouissante. On cesse alors de pousser la manette. Si, le point lumineux étant obtenu, il se produit un sifflement, il faut visser un peu le bouton E de façon à modérer la sortie du gaz.

On reconnaît que l'oxygène manque ou que l'appareil n'est plus assez saturé d'éther lorsque la lumière a des interruptions soudaines, ou bien qu'il se produit des pétillements.

Oxygène. — Il existe plusieurs moyens pour produire l'oxygène; le meilleur, sinon le moins cher, consiste à décomposer par la chaleur le chlorate de potasse. Dans les laboratoires, on se contente de chauffer du chlorate de potasse dans une cornue de verre jusqu'à ce que l'oxygène se dégage; mais on n'arrive par ce moyen qu'à produire de petites quantités de gaz; il faut chauffer avec beaucoup de précaution pour éviter un dégagement brusque qui pourrait faire éclater la cornue.

Lorsqu'on veut, au contraire, obtenir une quantité d'oxygène plus considérable, 100 litres ou 200 litres, on emploie une marmite en fonte, dans laquelle on introduit un mélange de chlorate de potasse et de bioxyde de manganèse. On obtient ainsi un dégagement beaucoup plus régulier et les explosions ne sont plus à craindre.

Sac à gaz. — Le gaz ainsi produit s'emmagasine dans des sacs en caoutchouc, ou bien encore dans des gazomètres. Ce dernier instrument est excellent pour conserver le gaz, car il ne se fait plus alors de déperdition

Fig. 35.

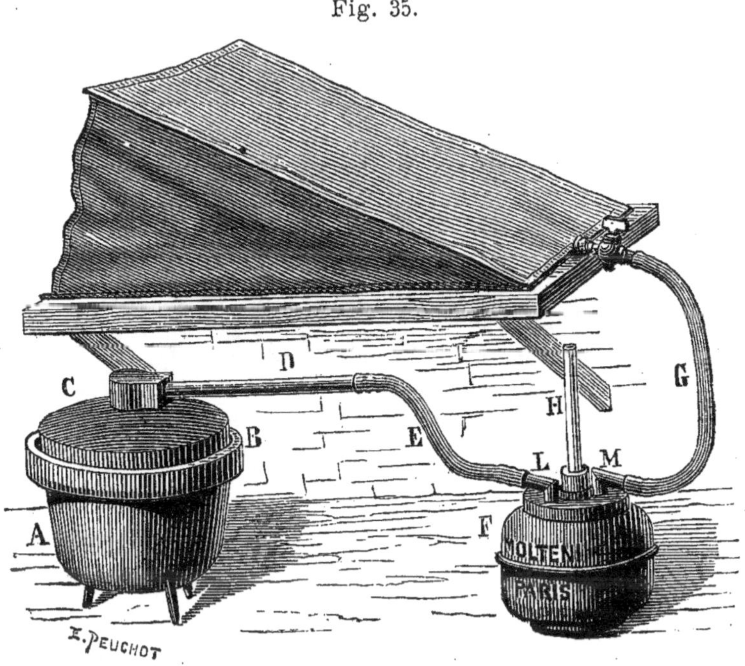

par endosmose; mais il est difficile de donner une pression suffisante sur un gazomètre, et en dernière analyse il faut toujours en terminer avec le sac. Ceux-ci se composent de feuilles de caoutchouc vulcanisé, laminées entre deux fortes toiles, et réunies sous forme de soufflet carré; un robinet est placé sur la charnière, comme on voit sur la *fig.* 35.

Les sacs sont de deux dimensions : 125 et 250 litres environ. Le premier peut alimenter le chalumeau pendant une heure ou une heure et demie; le second donne de deux à trois heures de lumière.

En hiver, ces sacs deviennent durs et cassants, et ils ne pourraient servir en cet état. On leur rend leur souplesse en introduisant par le robinet quelques litres

Fig. 36.

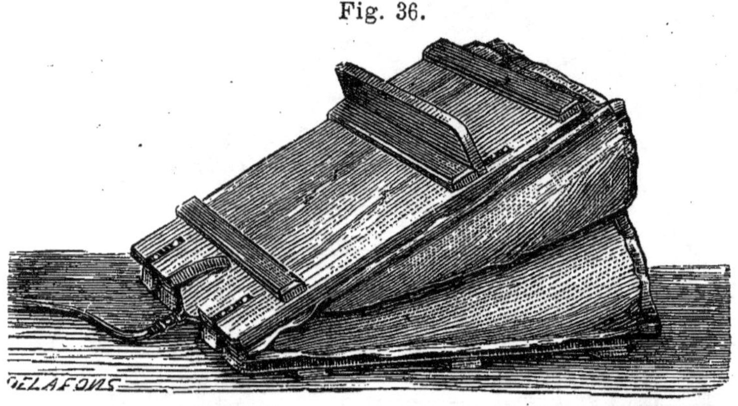

d'eau chaude à la température de 30° ou de 40°. Aussitôt l'effet produit, on vide l'eau et l'on fait égoutter avant de remplir de gaz.

Ces sacs sont d'un prix élevé; il est donc important de veiller à leur conservation, et avec un peu de précautions, ils peuvent faire un long usage. En été, il faut veiller à ce que le soleil ne puisse les atteindre; ils se ramolliraient outre mesure, et s'ils étaient suspendus par le robinet, ce que l'on fait trop souvent, celui-ci pourrait être arraché de sa place. Un excellent moyen de conservation consiste à garder les sacs dans une cave, de façon à obtenir une température uniforme. Cette précaution est surtout utile en été.

Le sac rempli d'oxygène doit être soumis à une certaine pression. On fait alors usage d'un compresseur (*fig*. 36). Celui-ci se compose de deux plateaux de bois de la dimension du sac, et réunis sur un des côtés par une double charnière; une large entaille laisse passer le robinet. Le plateau inférieur est placé bien horizontalement sur le parquet; le plateau supérieur porte une traverse à charnière destinée à retenir les poids employés pour mettre le gaz en pression.

Oxygène comprimé. — La fabrication de l'oxygène, quoique facile, est toujours une opération longue et ennuyeuse, et elle peut présenter quelque danger. Il ne faut pas oublier également que le gaz ne peut se conserver pur dans les sacs que peu de temps; par suite des phénomènes d'endosmose, l'oxygène s'échappe peu à peu et est remplacé par de l'air. Enfin, dans les gazomètres, surtout dans ceux faits en zinc, il peut se faire de l'hydrogène par la décomposition de l'eau, et une explosion se produira lorsqu'on voudra faire usage du gaz conservé dans ces conditions. Cet accident s'est déjà produit dans un laboratoire. Il y avait donc à rechercher le moyen d'éviter ces divers inconvénients. L'emploi de l'oxygène comprimé dans des tubes d'acier obvie à tous ces défauts.

MM. Brin frères, à Paris, livrent aujourd'hui de l'oxygène pur enfermé soit dans des tubes en acier, soit dans des récipients en tôle, éprouvés les uns et les autres à la presse hydraulique.

Le procédé industriel employé pour la production de

l'oxygène pur consiste à faire passer de l'air sec, débarrassé de son acide carbonique, sur de la baryte caustique chauffée vers 500° dans des cornues en fer disposées dans un four chauffé à l'oxyde de carbone. A 500°

Fig. 37.

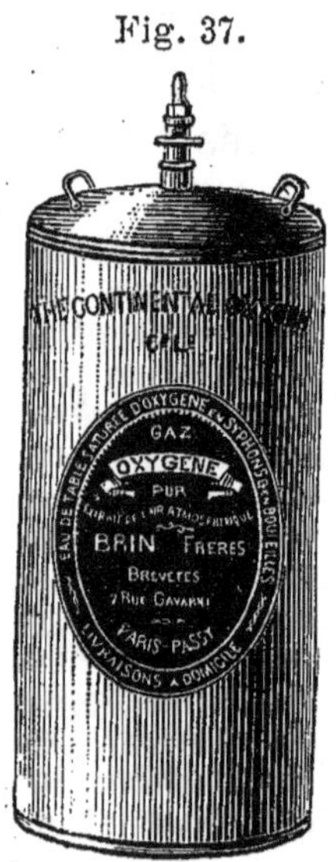

la baryte absorbe l'oxygène de l'air par une sorte de suroxydation, et il se dégage de l'azote qu'on laisse échapper dans l'air ou qu'on recueille suivant le besoin.

Lorsque la baryte a atteint le maximum d'absorption, on pousse la température vers 800°, en interrompant l'arrivée de l'air, et à l'aide d'une pompe d'aspiration, on recueille l'oxygène, car, et c'est là la partie la plus curieuse du procédé, il a été reconnu qu'à cette température la baryte abandonnait tout le gaz absorbé à la température inférieure.

Le gaz ainsi produit est amené dans un vaste gazomètre et ensuite comprimé dans des récipients en acier. Les uns ont la forme d'un seau cylindrique avec anses (*fig.* 37), et contiennent de 200 litres à 500 litres.

Le petit modèle mesure 53cm de hauteur sur 25cm de

Fig. 38.

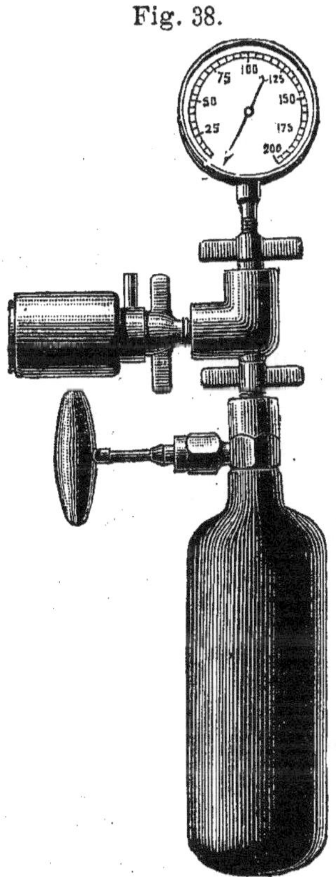

large ; il pèse 8kg et contient 200 litres d'oxygène à une pression de 8 atmosphères. L'autre modèle de réservoir consiste en un tube d'acier, d'une seule pièce, terminé à une extrémité par une calotte sphérique (*fig.* 38), et à l'autre par un ajutage à vis sur lequel se monte le régulateur chargé de régulariser la pression du gaz.

Ici la résistance des parois est beaucoup plus considérable, et la pression est ordinairement de 65 atmosphères, mais elle peut aller jusqu'à 120 atmosphères; dans ce cas, un tube de 80^{cm} de long et de 15^{cm} de diamètre contient 600 litres de gaz à 65 atmosphères, et 1100 litres à 120 atmosphères.

Dans tous ces réservoirs, la fermeture est obtenue au moyen d'un bouchon conique fileté, placé sur le côté, et que l'on ne peut manœuvrer qu'avec une clef. Suivant que l'on desserre la vis plus ou moins, on fait varier l'ouverture de sortie et le débit. Avec un peu de soin et d'habitude on peut arriver par ce moyen, très simple, à régulariser la sortie du gaz, mais il faut surveiller constamment la marche du chalumeau, car la pression diminue graduellement avec la sortie du gaz, et il faut ouvrir peu à peu la vis de réglage.

Pour assurer un débit uniforme, il vaut mieux faire usage d'un régulateur automatique, que l'on interpose entre le tube et le chalumeau.

Dans celui-ci, une cloison en caoutchouc divise le régulateur en deux chambres. Le gaz pénètre dans la première par un ajutage dans lequel s'engage de bas en haut une soupape conique soutenue par la cloison et manœuvrée du dehors par une clef. Le gaz sort de cette chambre par un bec latéral, et son débit reste uniforme tant que la pression reste la même; si elle vient à augmenter, la membrane se gonfle du côté de la chambre supérieure et entraîne le cône de réglage qui diminue l'arrivée du gaz jusqu'à ce que la pression revienne au degré précédent. Une fois le cône réglé par la clef, le réservoir se vide avec une régularité de débit absolue.

Valve. — On remplace aujourd'hui, le plus souvent, le régulateur par une valve à vis (*fig.* 39). Celle-ci se compose d'un tube coudé qui se fixe sur le tube d'oxy-

Fig. 39.

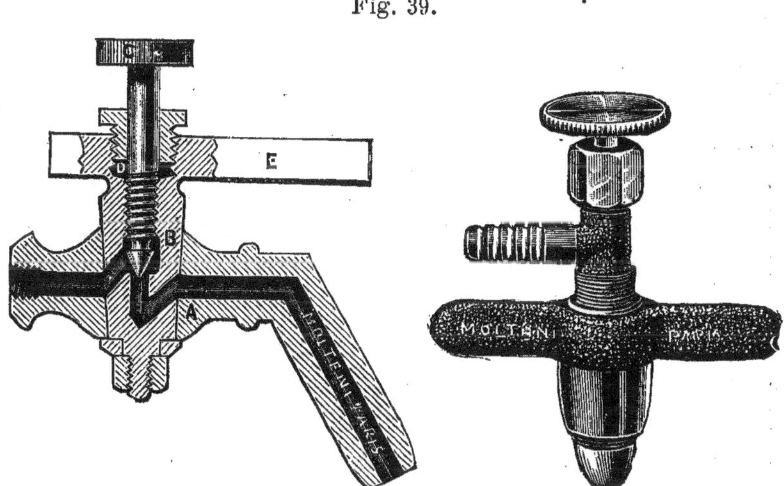

gène; une vis moletée permet d'ouvrir passage au gaz d'une façon très régulière, grâce à l'ajutage conique de cette sorte de bouchon mobile.

Si l'on tient à savoir quelle est la quantité de gaz consommée, ou plutôt celle qui reste dans le réservoir, il faut placer sur la tête du tube un manomètre (*fig.* 38) préparé à cet effet; on ouvre peu à peu le robinet, et l'aiguille marque la pression du gaz contenu dans le tube. Un petit calcul donne alors la quantité cherchée :

étant connue la capacité du tube, en multipliant celle-ci par la pression indiquée on a le volume du gaz qui reste dans le réservoir. Une fois le bouchon à vis refermé, on dévisse le manomètre, et il est bon d'être prévenu qu'il se produit alors un petit sifflement qui pourrait faire croire que le réservoir est ouvert; ce sifflement provient tout simplement de la petite quantité de gaz comprimé qui était restée dans le tube du manomètre.

L'oxygène contenu dans ce réservoir métallique est très pur, comme nous l'avons dit, ce qui offre un double avantage : le chalumeau brûle sans produire de sifflement, et le gaz n'attaque plus aucune des pièces avec lesquelles il est mis en contact. Avec l'oxygène obtenu par la décomposition du chlorate de potasse, il n'en est pas ainsi : presque toujours vers la fin de l'opération, surtout si l'on pousse trop le feu à ce moment, il se dégage une certaine quantité de chlore que le flacon laveur ne retient pas toujours. Celui-ci attaque les sacs de caoutchouc, et dans le chalumeau il donne naissance à de l'acide chlorhydrique qui corrode fortement les appareils.

Chalumeau. — Dans le système primitif de Drummond, on effectuait à l'avance le mélange des deux gaz et on les projetait dans un tube métallique terminé par un ajutage en platine à orifice très étroit. Au-dessous de ce brûleur, le tube d'arrivée présentait un renflement dans lequel étaient placées un nombre considérable de rondelles en toile métallique, destinées à empêcher un retour de flamme et une explosion du réservoir. Malgré ces précautions, un accident était toujours à craindre; aussi la lumière Drummond était-elle employée rarement, et toujours avec appréhension.

Fig. 40

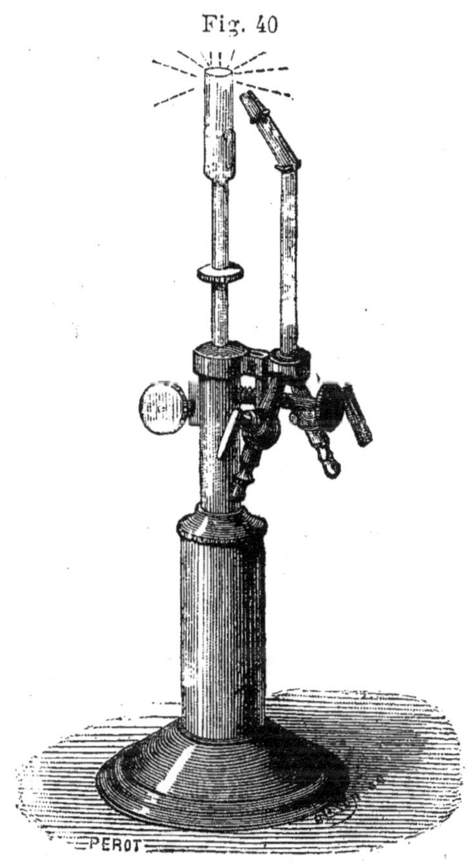

Plus tard, on eut l'idée de n'effectuer le mélange qu'à une très petite distance de l'ajutage d'inflammation, et tout danger fut ainsi écarté.

Le modèle que représente la *fig.* 40 est construit d'après ce principe.

Une crémaillère permet de mettre le point lumineux à la hauteur voulue, et au moyen d'une tige butante à vis on peut incliner plus ou moins l'orifice du chalumeau, de façon à éloigner ou à rapprocher le jet de flamme du cylindre de chaux.

La manœuvre de ce chalumeau est un peu délicate : il se produit facilement des explosions : celles-ci sont sans danger aucun, mais elles éteignent la flamme. Il faut, pour éviter cet accident, baisser le plus possible l'hydrogène avant de donner l'oxygène, et ouvrir lentement les deux robinets.

En France, on a abandonné presque complètement ce modèle ; mais, en Angleterre, il est devenu à la mode dans ces derniers temps; il donnerait une flamme plus régulière que celui que nous allons décrire, et avec un peu d'habitude le réglage s'obtiendrait facilement.

Dans le modèle habituellement en usage, les deux tubes d'amenée sont placés concentriquement l'un dans l'autre, le jet de gaz hydrogène formant une sorte de couronne au milieu de laquelle est lancé un étroit filet d'oxygène (*fig.* 41).

L'examen de la figure en fera facilement comprendre les dispositions : le tube O est mis en communication avec la prise de gaz d'éclairage, ou bien avec le sac plein d'hydrogène, au moyen d'un tube de caoutchouc, ou mieux d'un tube métallique flexible. Un robinet permet d'en régulariser le débit au degré voulu; par le tube E le gaz arrive à l'orifice F qui est relevé obliquement et taillé en biseau, de façon à projeter sa flamme en haut, et cela, afin que l'ajutage ne fasse pas ombre devant le cylindre de chaux. L'oxygène est envoyé de même manière par le tube H et D, il pénètre dans l'ajutage de sortie de l'hydrogène et se termine par une très petite ouverture effilée placée exactement au centre du tube coupé en sifflet F.

La tige B est destinée à supporter le cylindre de chaux qui est percé dans son axe. Cette tige est filetée

Fig. 41.

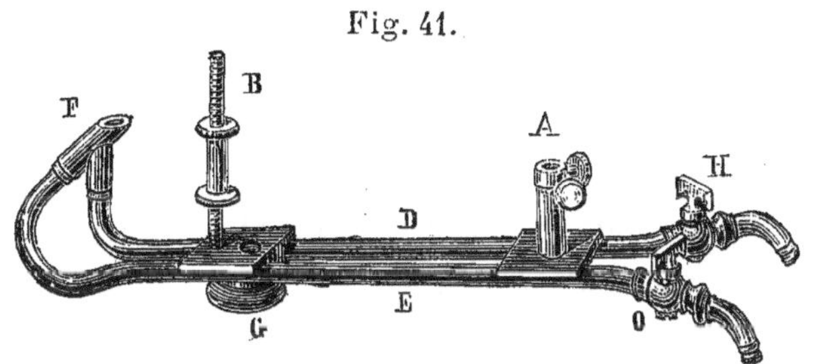

et porte une pièce mobile qui peut monter et descendre de façon à mettre le cylindre de chaux à la hauteur voulue. Toute cette partie est mobile d'avant en arrière et glisse sur les deux tubes d'amenée des gaz D, E. Elle est maintenue à la place voulue par l'écrou de serrage G. Ce mouvement d'avant en arrière est nécessaire pour mettre la chaux à une distance telle que le jet de gaz la touche en son milieu et laisse à la flamme une largeur de 1cm à 2cm environ.

Dans un modèle plus perfectionné, le tube à hydrogène se termine par un ajutage à large débit, et sa tête en cône s'infléchit à 45° vers le cylindre de chaux. Le tube à oxygène pénètre au milieu de cet ajutage et se termine un peu en arrière de l'ouverture par une petite buse en cuivre rouge percée d'un grain assez fin.

Une tige à pignon permet de faire tourner le cylindre de chaux sur son axe et de changer la surface de chauffe, ce qui est souvent nécessaire. Enfin, une tige à crémaillère donne la possibilité de centrer en hauteur le point lumineux.

Ces différents modèles de chalumeaux peuvent servir soit avec l'hydrogène pur, obtenu au moyen du zinc et de l'eau acidulée, soit avec le gaz d'éclairage avec l'air carburé, ou enfin avec les vapeurs d'éther.

Mais, si l'on ne peut employer aucun de ces moyens, on peut remplacer ces différentes flammes par celle d'une lampe à alcool : la lumière ainsi produite est appelée lumière *oxycalcique*.

Le chalumeau est alors modifié comme on le voit sur la *fig*. 42. Une douille à vis de serrage E permet de fixer

Fig. 42.

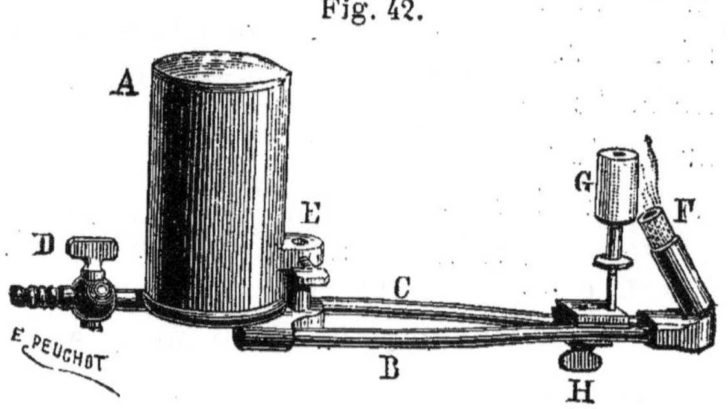

sur une tige à la hauteur voulue tout l'appareil. Le tube D donne entrée à l'oxygène qui pénètre dans l'ajutage F par le tube B. A l'arrière, un réservoir A à niveau constant renferme de l'alcool qui arrive dans l'ajutage d'inflammation F. Celui-ci contient une mèche de coton au centre de laquelle vient se placer l'ajutage en cuivre de l'oxygène. En G est le cylindre de chaux, mobile en hauteur par l'écrou sur lequel il s'appuie, et mobile en avant ou en arrière par la coulisse que forment les deux tubes d'arrivée; ici l'écrou H le maintient en place.

La mèche doit être coupée très nettement; elle ne doit pas être trop serrée autour du bec à oxygène.

Un autre modèle, moins perfectionné, est celui que représente la *fig.* 43.

Dans celui-ci le dard d'oxygène n'est plus contenu dans la mèche de la lampe à alcool, il passe au-dessus;

Fig. 43.

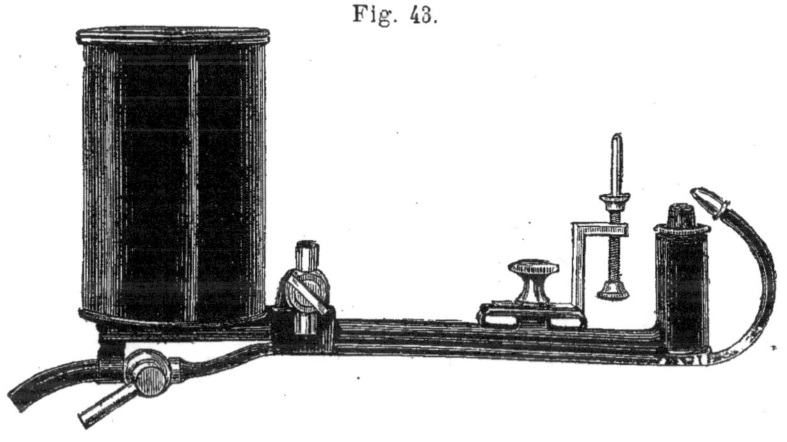

le réglage est alors plus facile que dans le modèle précédent.

La préparation de la mèche est le seul point délicat de l'opération : avec de petites pinces d'horloger (brucelles) on soulève légèrement la mèche, de manière à lui faire dépasser un peu l'ajutage de l'oxygène, puis on écarte légèrement les brins, de manière à leur donner la forme d'un V. Le jet d'oxygène se glisse dans ce couloir et, s'entourant de toutes parts de la flamme de l'alcool, projette sur le cylindre de chaux un jet de flamme extrêmement chaude, sous l'influence de laquelle la chaux devient incandescente. Il est important de couper avec soin tous les fils qui peuvent dépasser le corps de la mèche. Le sac ne doit recevoir qu'un poids de 20^{kg} à 50^{kg}.

La lumière ainsi produite est certainement moins brillante que celle obtenue au moyen de l'hydrogène (moitié environ), mais elle donne encore de très bons résultats pour les agrandissements photographiques.

Cylindres de chaux. — On fait usage, avec ces divers appareils, de cylindres de chaux vive. Les fabricants de lanternes à projection fournissent ces cylindres très bien préparés, taillés sur le tour au moyen d'une molette, et percés en leur centre d'un trou dans lequel doit passer la broche du support. On les conserve dans des flacons bouchés avec soin, et remplis de chaux vive en poudre. Il est important de mettre ces flacons à l'abri de l'humidité, car la chaux vive ne tarderait pas à s'hydrater et ne pourrait plus servir.

Bec Auer. — L'emploi des becs à incandescence par le gaz est, de tous les modes d'éclairage intensif, le plus commode à employer dans la lanterne à agrandissement. Mais, il ne faut pas le cacher, les résultats obtenus avec cette lumière, cependant très photogénique, sont moins complets qu'avec les éclairages électriques ou oxyhydriques, par suite de la trop grande surface de la source lumineuse. La netteté des images est moins complète, et il est plus difficile d'obtenir des épreuves brillantes.

Quoi qu'il en soit, le bec Auer est très pratique et très employé.

M. Gaumont a combiné un support (*fig.* 44) qui entre

Fig. 44.

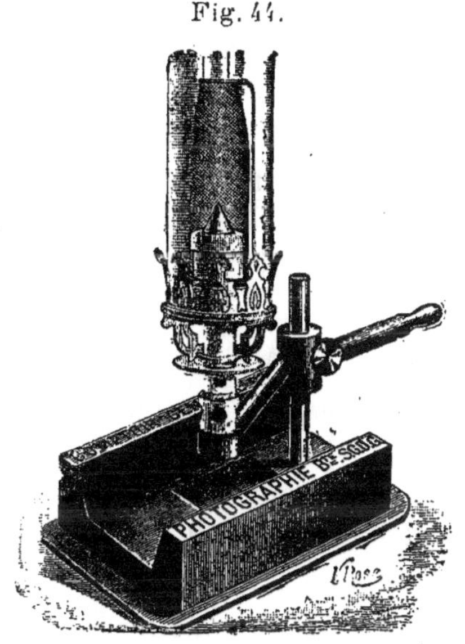

facilement dans les lanternes et rend très aisé l'emploi de ce bec.

Éclairage à l'acétylène.

L'acétylène est un carbure d'hydrogène qui produit, par sa combustion dans un bec de gaz ordinaire, une flamme très éclairante. Mais, jusqu'à présent, l'acétylène, découvert cependant depuis 1836 par E. Davy, n'était qu'une curiosité de laboratoire, et les procédés de fabrication étaient trop difficiles et coûteux pour entrer dans la pratique.

M. Berthelot parvint plus tard à en faire la synthèse, et obtint l'acétylène en faisant passer un courant d'hydrogène dans un ballon de verre où l'arc électrique jaillissait entre deux baguettes de charbon.

En 1862, Wœhler démontra que l'acétylène pouvait être produit par le carbure de calcium (carbite), décomposé par l'eau.

Mais il restait à trouver un procédé facile et économique de fabrication du carbure de calcium.

Il fallait, en un mot, fondre la chaux en présence du charbon et pour cela une température de 3000° était nécessaire. C'est ce que M. Moissan est parvenu à réaliser au moyen de son four électrique, et le 5 mars 1894, l'éminent chimiste Wœhler et son collaborateur décrivirent leur procédé à l'Académie des Sciences.

Le carbure de calcium, lorsqu'il est pur et cristallisé, obtenu par fusion, répond à la formule CaC^2 et, traité par l'eau, il forme un dégagement d'acétylène d'après la réaction

$$CaC^2 + 2H^2O = C^2H^2 + CaOH^2O.$$

En pratique, 1^kg de carbure de calcium se combine avec 562^gr d'eau, et il se produit alors 115^gr de chaux hydratée et 406^gr d'acétylène, qui occupent un volume de 340^lit. Le carbure du commerce est presque toujours impur, il ne donne pratiquement que 300^{lit} de gaz par kilogramme.

Lorsque l'on met du carbure de calcium dans un récipient, et que l'on fait tomber de l'eau goutte à goutte sur le carbure, la décomposition se fait aussitôt et l'acétylène se dégage en courant continu. La matière noire se gonfle peu à peu, et devient blanche (chaux hydratée); si l'on dissout du sucre dans l'eau, la décomposition s'effectue de même, mais il se forme un sucrate de chaux qui se dissout dans l'eau.

Toutefois il ne faudrait pas croire que l'acétylène, aussi simplement produit, donnera toujours des résultats convenables, et après une première réussite, les mécomptes arrivent, et cela lorsque l'acétylène n'est pas d'une pureté suffisante. L'acétylène impur répand une odeur insupportable, il brûle moins bien, et il peut se combiner directement avec le cuivre pour donner naissance à un acétylure, composé explosif dangereux.

Mais M. Raoul Pictet a fait remarquer que cette instabilité de l'acétylène provenait de ce que ce corps appartient à la catégorie des composés explosifs, dont la formation s'accompagne d'une absorption considérable de chaleur; mais cette instabilité n'appartient qu'aux seuls produits impurs.

Jusqu'à présent les constructeurs n'ont pas assez cherché à éviter la production de ces impuretés, et de là les difficultés d'obtenir à coup sûr un gaz éclairant.

Fort heureusement, M. Raoul Pictet a posé les règles pratiques pour cette production, et nous lui empruntons les renseignements suivants.

Dans la préparation ordinaire de l'acétylène, carbite traité par l'eau, il se produit une élévation de température considérable, car le carbite exige pour se former une énorme quantité de chaleur, et il la restitue au moment de sa décomposition.

Ce calorique est absorbé en partie par l'acétylène naissant, et le reste échauffe la masse des substances servant aux réactions.

L'expérience a appris à M. R. Pictet que l'acétylène cessait d'être le seul gaz produit lorsque la température s'élève, et il se dégage alors une foule de produits secondaires : de là les mécomptes inattendus qui se produisent trop souvent.

Pour les éviter, il suffit de prendre quelques précautions très simples.

Il faut, en premier lieu, verser le carbite dans l'eau et non verser l'eau sur le carbite; de plus, le vase dans lequel se fait la réaction doit être refroidi par un mélange réfrigérant.

Enfin, il est prudent de faire barboter le gaz ainsi produit dans une solution de chlorure de calcium refroidie à zéro, puis dans une solution d'acide sulfurique maintenue à 20° au-dessous de zéro, si possible.

Le gaz ainsi produit est absolument pur, donne une flamme extrêmement éclairante, et ne produit aucun corps secondaire nuisible. Dans la pratique, il suffit le plus ordinairement de refroidir le générateur; à la condition d'employer un carbite suffisamment pur, on évite toute difficulté.

De nombreux appareils ont été proposés déjà pour

produire l'acétylène, et nous nous contenterons de citer

Fig. 45.

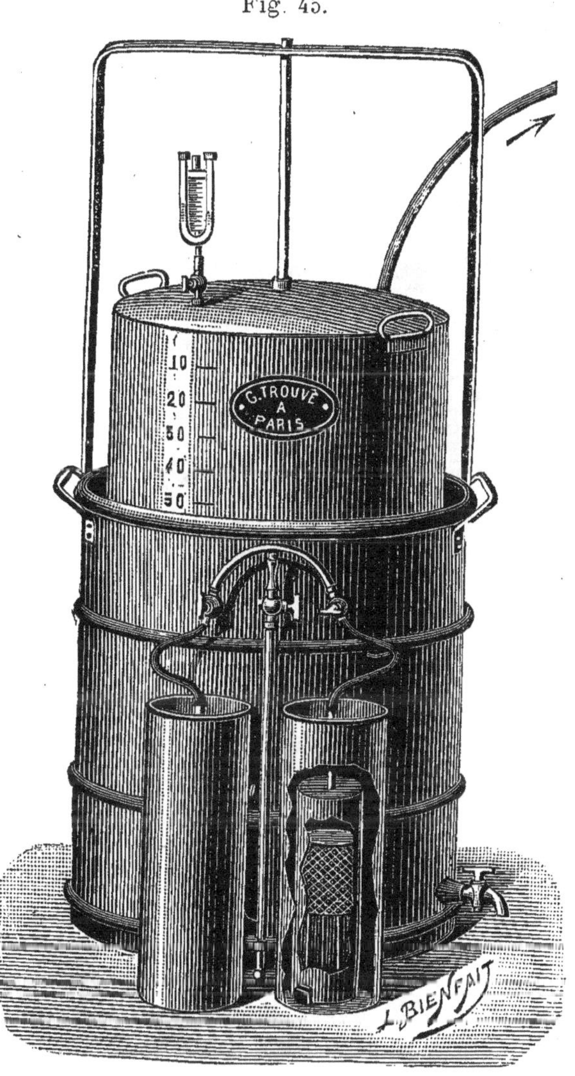

ceux de Trouvé qui fonctionnent facilement et ont été

aménagés pour l'éclairage des lanternes à projection et à agrandissement.

Le générateur de M. Trouvé (*fig.* 45) se compose d'un récipient, soit en verre, soit en métal, dans lequel entre

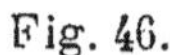

Fig. 46.

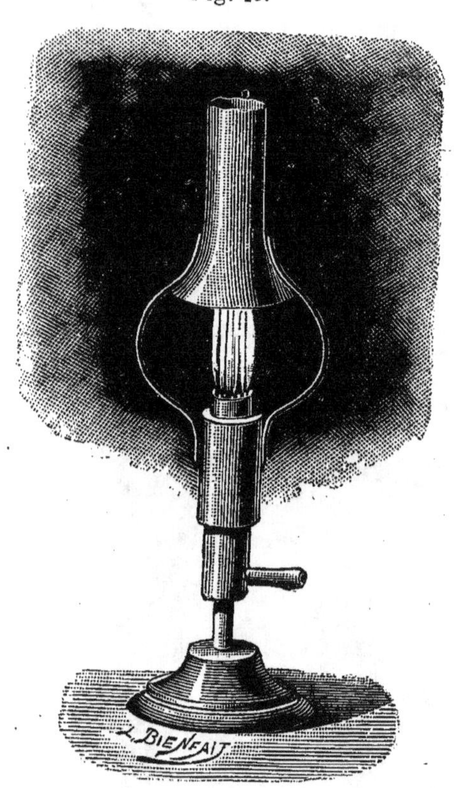

un second vase en verre percé à sa partie inférieure et muni d'un bouchon et d'un tube de dégagement à la partie supérieure. Un panier métallique reçoit le carbite, réduit en petits fragments, et séparé en plusieurs couches superposées par des disques de verre d'un diamètre légèrement inférieur à celui du récipient. Lorsqu'on plonge le récipient ainsi préparé dans le vase plein d'eau, celle-ci pénètre dans le récipient, chasse l'air et attaque le carbite dans sa partie inférieure. Le tuyau de dégagement est mis en communication avec un gazomètre destiné à emmagasiner le gaz. Lorsque le dégagement se produit, il arrive un moment où le gaz est en quantité trop grande; il refroidit alors l'eau par l'ouverture inférieure et le dégagement s'arrête.

Tel est l'appareil de M. Trouvé; il est bon de le modifier en plaçant le générateur dans un mélange réfrigérant (glace et sel) souvent renouvelé, et l'on peut, pour plus de précautions, faire barboter le gaz dans du chlorure de calcium et de l'acide sulfurique convenablement refroidis, comme nous l'avons indiqué.

L'acétylène se brûle dans les becs à gaz en stéatite et l'on augmente la puissance de la flamme, en augmentant le nombre des trous.

Le bec représenté par la *fig.* 46 donne un faisceau lumineux excellent pour éclairer la lanterne à agrandissement : c'est celui proposé par M. Trouvé.

Malgré tout, l'acétylène doit être manié avec les plus grandes précautions.

Lampes au pétrole.

La lumière la plus facile à se procurer, la moins chère en même temps, est celle que donnent les lampes alimentées par l'huile de pétrole. Mais, pour obtenir de ces appareils des effets satisfaisants, il faut ne négliger aucun des détails que nous allons énumérer.

Essai du pétrole. — Le choix du pétrole est de première importance, et trop souvent ce produit est sophistiqué par son mélange avec des essences de qualité et de prix très inférieurs.

On reconnaît que l'huile de pétrole est de bonne qualité aux caractères suivants :

Elle doit être très fluide, incolore, et, vue par réflexion, présenter une légère teinte opalescente. A la température de 35°, elle ne doit pas donner de vapeurs inflammables. Pour faire cette épreuve, on chauffe le pétrole dans une capsule en porcelaine, en se servant pour cela d'un bec Bunsen ou d'un fourneau à gaz brûlant à bleu. On plonge le réservoir d'un thermomètre dans le liquide, et quand la température atteint 35°, on promène à la surface du liquide une allumette enflammée ; si les vapeurs qui se produisent alors prennent feu, l'huile doit être rejetée; elle a été mêlée frauduleusement avec de l'essence, ou la rectification a été mal faite.

Le pétrole, une fois essayé et choisi, on fait dissoudre dans ce liquide du camphre à la dose de 12gr par litre ; la flamme devient alors plus brillante et plus blanche. Mais, si l'on dépassait la quantité indiquée, la lampe fumerait.

Dans ces derniers temps, on a mis dans le commerce un pétrole rectifié après mélange à l'essence de térébenthine; ce produit, connu sous le nom de *luciline*, donne une lumière très blanche, analogue à celle produite par le pétrole camphré.

Une recommandation importante, et qui s'applique aux différents modèles de lampes que nous allons étudier, est celle-ci : lorsque les opérations sont terminées et que la lampe est refroidie, il faut vider avec soin le réservoir. Sans cela, le pétrole continuerait à monter dans la mèche par capillarité, et n'étant pas brûlé, il se répandrait sur la lampe et formerait avec les poussières qui voltigent toujours dans l'air une sorte d'enduit des plus désagréables. Lorsqu'on allumerait de nouveau la lampe, cette huile se vaporiserait bientôt et répandrait alors une affreuse odeur. Dans tous les cas, avant d'allumer une lampe au pétrole, il est important de l'essuyer avec le plus grand soin, et si l'on accuse trop souvent ces sortes de lampes de répandre une odeur désagréable, cet effet est dû uniquement au manque de soins.

Les lampes utilisées dans les lanternes à projection ou à agrandissement sont de deux sortes : les unes à plusieurs mèches plates, les autres à mèche unique, ronde.

Lampes à mèches multiples. — Les lampes à mèches plates ont de deux à cinq mèches; mais, quel que soit ce nombre, la construction générale de la lampe est la même (*fig.* 47).

La base forme le réservoir de pétrole; c'est une sorte de boîte rectangulaire plate, contenant 500gr de pétrole environ. A l'une des extrémités se trouve un bouchon à vis qui permet de remplir le réservoir.

Au centre de cette boîte s'élèvent les porte-mèches; celles-ci sont en coton tressé, et elles ont de 4^{cm} à 5^{cm} de

Fig. 47.

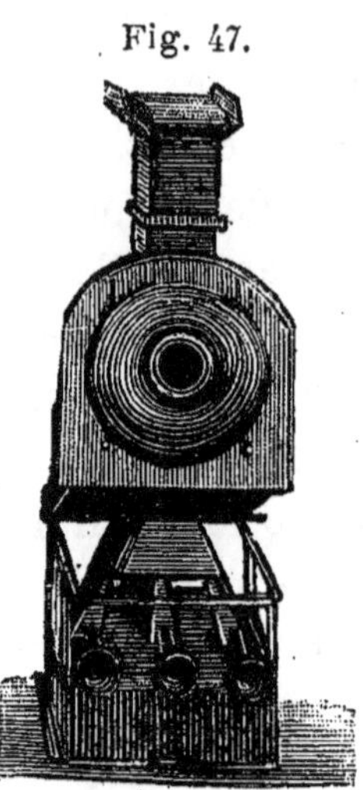

large. Elles sont commandées par des crémaillères dont les boutons viennent faire saillie à l'arrière de la lampe.

L'espace compris entre les mèches et les bords du chapeau qui recouvre le tout est formé d'une plaque de fer-blanc percée de trous nombreux, destinés à régulariser l'arrivée de l'air à la flamme.

Au-dessus, une chambre à combustion vient encapuchonner les mèches et se termine en haut par une cheminée d'appel en tôle. La partie inférieure de la chambre en question est composée de la lame percée dont nous avons déjà parlé; les côtés se joignent en haut pour former une sorte de demi-cylindre dont l'axe, parallèle aux mèches, coïncide avec l'axe lumineux; deux plaques de verre trempé ferment ses deux extrémités.

Dans certains modèles, le verre postérieur est remplacé par un réflecteur concave argenté au centre duquel est ménagée une ouverture fermée par un verre bleu et qui permet de surveiller le réglage des mèches.

Dans le modèle à cinq mèches (*fig.* 48) la chambre à combustion est enchâssée dans une caisse rectangulaire

Fig. 48.

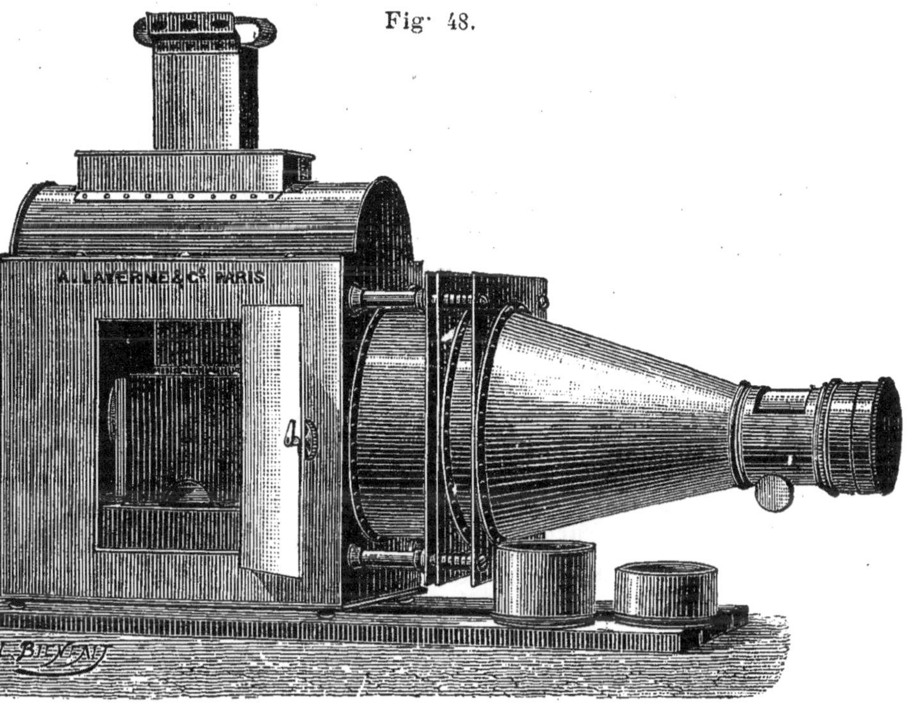

en tôle ; l'air circulant facilement dans la double paroi ainsi établie, l'échauffement de la lampe se trouve diminué de beaucoup. Un capuchon métallique rassemble les cinq mèches en un seul foyer lumineux et régularise le tirage. Le devant de la lampe est formé, comme dans le modèle précédent, par une plaque de verre trempé, maintenue en place par un anneau métallique à ressort. L'arrière se ferme par une porte contenant le réflecteur métallique, et celui-ci est protégé par une lame de verre trempé.

Des trous convenablement disposés assurent la ventilation et le refroidissement de la lampe. Quel que soit le modèle employé, il est important que les mèches brûlent toujours à blanc. Si elles rougissent sur les bords, c'est qu'elles sont trop levées; il faut aussitôt agir sur le bouton de la crémaillère pour les abaisser. Faute de ce soin, la lampe fume et remplit la salle d'une odeur fétide et d'une fumée qui salit tout.

Si la flamme se dentelle et sautille, c'est que la ventilation est insuffisante ; le plus ordinairement cet accident provient d'un défaut de nettoyage; la paroi percée n'a pas été frottée avec le soin nécessaire, les trous sont bouchés, et l'air ne peut pénétrer en assez grande quantité.

Avant toute opération, il est important de mettre la lampe en état dans toutes ses parties.

Les mèches doivent être coupées nettement, et il ne doit pas passer le moindre fil; elle fumerait immanquablement. Après avoir ouvert la caisse supérieure, on baisse les mèches jusqu'à ce qu'elles affleurent au ras du tube porte-mèche, et, d'un seul coup de ciseau, on enlève la partie charbonnée, mais en laissant toutefois un léger rebord charbonné qui facilitera l'éclairage. On les relève ensuite de 3^{mm} à 4^{mm}, et l'on abat les angles, en les arrondissant un peu.

Les mèches latérales charbonnent davantage sur leur face interne; aussi, après les avoir coupées, est-il utile de les racler légèrement sur cette face avec le dos des ciseaux.

Quelque soin que l'on apporte à cette opération, il est quelquefois difficile d'obtenir une section nette avec des ciseaux ordinaires; et, cependant, il faut absolu-

Fig. 49.

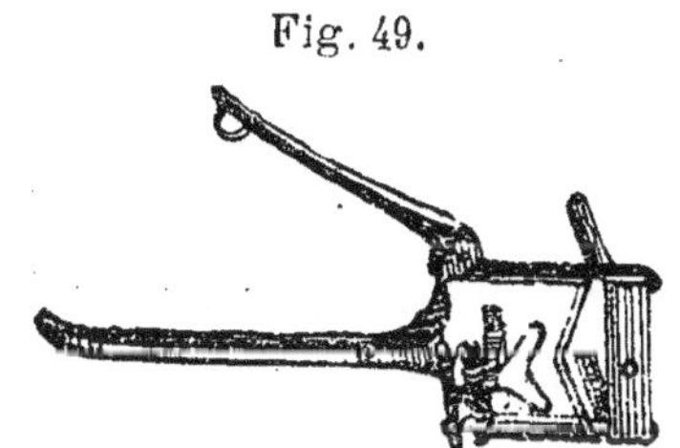

ment éviter que le moindre brin de fil reste sur les côtés de la mèche, car alors il se produit un sautillement désagréable, et la lampe fume. Le coupe-mèche (*fig.* 49), sorte de tondeuse mécanique, donne sans difficulté une coupe nette et franche. Cet instrument se compose d'une plate-forme en acier, munie de deux gouttières latérales destinées à saisir les bords du bec et à assurer la position de la plate-forme le long d'un des côtés de la mèche. Sur cette plate-forme vient glisser un couteau de section triangulaire, en forme de V très ouvert, et qui se porte en avant lorsqu'on agit sur la branche inférieure de l'appareil. La mèche est ainsi coupée des bords extrêmes vers le centre, et la section est très nette. Un ressort fixé sur le couteau ramène celui-ci en arrière lorsqu'on cesse d'agir sur la branche qui les manœuvre.

Les mèches étant mouchées, et cette opération doit être faite avec beaucoup de soin, car la moindre inégalité fait fumer la lampe ou empêche d'élever la mèche à une hauteur suffisante pour donner le maximum d'effet, on essuie avec soin toutes les parties de la lampe, et l'on s'assure que les trous de la lame percée sont tous libres.

Il est indispensable enfin d'allumer la lampe à l'avance et de la laisser brûler à très petite flamme pendant dix minutes. Le corps de la flamme s'échauffe alors progressivement et le tirage s'établit régulièrement, puis on lève graduellement les mèches, et l'on obtient une lumière éclatante.

Dans ces diverses lampes l'intensité lumineuse est considérable, surtout dans celles à cinq mèches, car ici la quantité de pétrole vaporisée en même temps est énorme. Aussi les lampes à mèches multiples sont-elles employées avec succès pour l'éclairage des appareils à projection; mais elles ont un défaut capital pour les agrandissements : c'est de présenter une série de bandes verticales obscures, produites par l'écartement des mèches. Lorsqu'on veut faire usage de ce mode d'éclairage pour les agrandissements, il faut employer une lampe modifiée pour parer à ce défaut. Dans ce dernier modèle les deux mèches centrales sont inclinées en forme de W, de façon à empêcher la production de ces raies obscures.

Toutes les lampes à mèches multiples ont besoin, pour donner des résultats convenables, d'être fabriquées avec le plus grand soin; si toutes les pièces ne s'emboîtent pas exactement, il se produit des appels d'air irréguliers, la flamme n'éclaire pas, la lampe fume, et les verres cassent avec une facilité désespérante, même les verres trempés dits *incassables*.

Il sera donc toujours prudent de vérifier avec soin toutes les parties d'une lampe à mèches multiples et de ne s'adresser, pour leur achat, qu'à des fabricants de réputation assurée.

Lampes à bec rond. — Les lampes à mèche ronde donnent moins de lumière que les précédentes, mais elles sont de *beaucoup préférables* pour les agrandissements. Avec elles il est possible d'obtenir un champ d'éclairage très uniforme et sans zones obscures; enfin leur réglage est beaucoup plus facile, et l'on évite, sans la moindre difficulté, l'odeur et la fumée.

Toutes les lampes à mèche ronde ne sont pas également bonnes; les meilleures sont celles à verre cylindrique sans étranglement. Cet étranglement, lorsqu'il se trouve devant la partie lumineuse de la flamme, produit une zone obscure transversale.

Si l'on était cependant obligé de faire usage d'une de ces lampes dites *à bec prussien*, il faudrait abaisser la lampe de telle sorte que la portion de flamme supérieure à cet étranglement fût seule utilisée.

En usant de pétrole camphré, on peut aisément obtenir de ces lampes une flamme très allongée, très blanche, et qui ne fume pas. Mais il est essentiel de remplir complètement le réservoir, et celui-ci doit être très rapproché de la mèche. Avec du pétrole impur, la flamme devient rougeâtre, et l'on ne peut l'allonger sans que la lampe fume.

Le modèle anglais de la Compagnie Silbert, qui se trouve dans l'appareil de M. Molteni (*fig.* 50), est muni

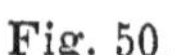
Fig. 50.

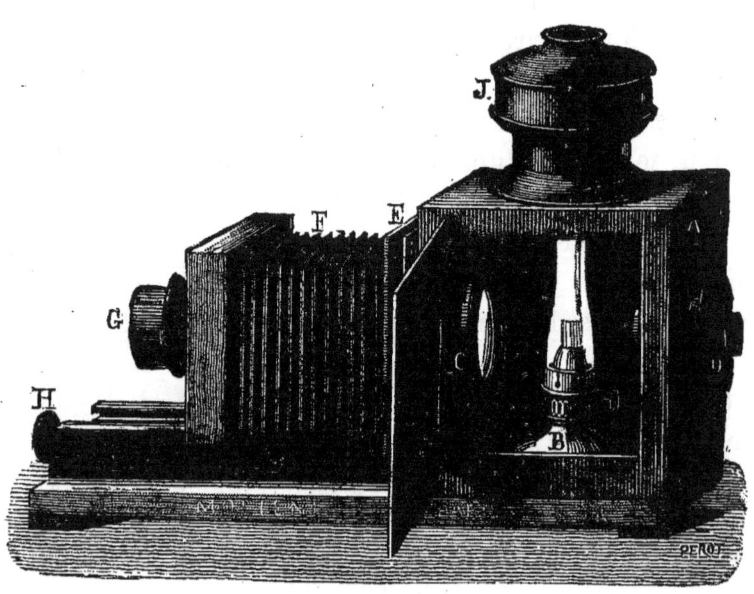

d'un verre droit, sans étranglement, et il donne des résultats parfaits. Seulement l'intensité lumineuse de ce modèle est peu considérable et presque insuffisante lorsqu'on veut obtenir une amplification considérable, car les temps de pose deviennent alors extrêmement longs.

Le bec autrichien de Sonnenbrunner donne un éclairage plus puissant, surtout si l'on emploie le calibre de 34^{mm}. Dans ce système, une lame métallique ronde, une sorte de tête de clou, est interposée au milieu de la flamme et détermine un tirage puissant; en ce point le cylindre lumineux se renfle et donne une boule de feu du plus vif éclat et d'une très grande blancheur.

De tous les systèmes que nous avons été à même d'essayer, c'est certainement celui qui nous a donné les meilleurs résultats.

Réflecteurs. — Les différents modèles d'appareils à agrandissement qui sont éclairés par une lampe à pétrole, portent en arrière du foyer lumineux un réflecteur concave chargé de ramener les rayons qui iraient se perdre en arrière. Nous avons déjà vu que certaines lampes à mèches multiples sont munies de ce réflecteur.

Les appareils à lampe à mèche ronde ont aussi un réflecteur, et celui-ci est souvent en verre argenté; c'est là effectivement le meilleur mode d'emploi du réflecteur.

Mais il est indispensable que ce dernier soit d'une courbure calculée et en rapport avec le foyer des lentilles éclairantes; il doit avoir le même diamètre que ces lentilles. Il arrive au contraire, très souvent, que le réflecteur est plus petit que ce diamètre, que sa courbure n'est pas suffisante, et alors il est plus nuisible qu'utile.

Nous engageons donc à n'user de réflecteur qu'avec les lampes à mèches plates, et à le supprimer totalement dans les lampes à mèche ronde; nous le remplaçons dans ce cas par une surface noire mate, soit vernie au noir de fumée, soit en papier velours noir.

De tous ces éclairages, le meilleur est sans contredit celui de Drummond, chaux et gaz hydrogène et oxygène; le foyer de lumière est alors réduit à un point, ce qui est la condition la plus parfaite pour un éclairage égal, et pour la netteté des épreuves. Dans ce cas, en effet, les lentilles ne sont traversées que par des rayons émis dans une seule direction; au contraire, avec les foyers lumineux à large surface, les rayons qui traversent les lentilles sont en séries multiples; de là un trouble profond dans la marche de l'appareil, et une difficulté extrême de mise au point lorsqu'on fait usage d'un cliché un peu grand.

Les lampes à pétrole, à bec rond, viennent après, et elles sont ordinairement suffisantes, à la condition de ne pas chercher à obtenir avec elles des grossissements considérables et en n'employant que des clichés à petite surface, 8×9 et 9×12 au maximum. Ceci est surtout applicable aux agrandissements de paysages; lorsque, au contraire, il s'agit de portraits, les difficultés sont bien moindres, car il suffit que la tête soit bien nette. Les fonds, les accessoires peuvent, sans le moindre inconvénient, subir quelque déformation, quelque diminution de netteté. Avec les fonds blancs, tous les inconvénients disparaissent.

A titre de renseignements, voici quelques chiffres qui indiqueront quelle est l'intensité relative de quelques éclairages, la bougie de l'Étoile étant prise pour unité de lumière :

Lampe à pétrole à 3 mèches................	18
Lampe à pétrole à 4 mèches................	20
Lampe à pétrole à 5 mèches................	25
Lumière oxycalcique (alcool oxygène).	150 à 200
Lumière oxyhydrique..................	300 à 500
Lumière électrique (40 Bunsen)......	600 à 700
Lumière électrique (machine)........	1000 à 2000

SYSTÈME OPTIQUE.

Le système optique comprend les condensateurs et l'objectif.

Condensateurs.

Le condensateur est formé de deux lentilles plan-convexe, enchâssées dans un barillet et se touchant presque par leurs faces convexes. Ces lentilles n'ont pas besoin d'être achromatiques; les plus blanches sont les meilleures.

Sous l'effet de la haute température qui se développe dans la lanterne, les diverses pièces métalliques avoisinantes se dilatent assez fortement. Il est donc nécessaire de ne jamais trop serrer les barillets vissés sur l'anneau, et il est prudent de faire percer deux trous dans la bague qui les contient, afin de permettre à l'air contenu dans l'intérieur du condensateur de se mettre en équilibre avec l'extérieur. De plus, s'il y a de l'humidité entre les deux lentilles (*fig.* 51), elle peut s'évaporer, sans occasionner de buée sur les verres, accident fréquent et qui se produit lorsqu'on lève trop vite les mèches de la lampe, ou qu'on n'a pas pris le soin d'allumer à l'avance le gaz d'éclairage du chalumeau dans le cas où l'on emploie la lumière Drummond.

Les condensateurs mesurent 12cm de diamètre dans les appareils qui sont destinés à agrandir des clichés

Fig. 51.

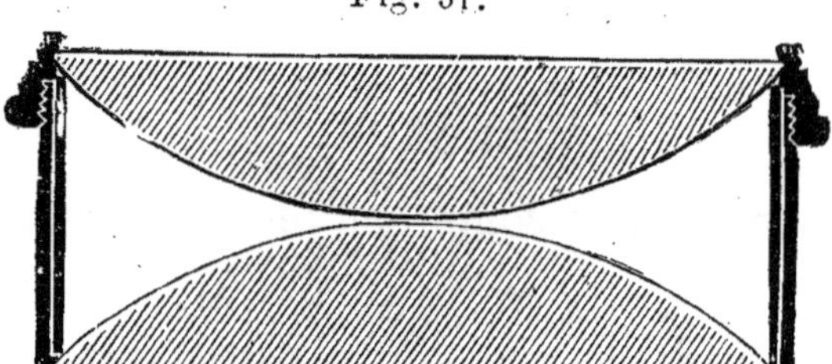

8 × 9; ils ont 15cm ou 16cm pour les 9 × 12; les plaques 13 × 18 nécessitent des lentilles de 25cm.

Lorsqu'on veut obtenir le maximum de netteté, pour les paysages par exemple, il est bon de placer immédiatement après le condensateur une glace dépolie sur les deux faces. Il se produit alors une sorte de diffusion des rayons lumineux, l'éclairage devient plus uniforme, et l'obliquité des rayons extrêmes provenant des bords du condensateur est détruite. De cette façon, l'intensité lumineuse est bien un peu diminuée, mais le champ de netteté de l'image agrandie est de beaucoup augmentée. Il sera donc important d'user de ce moyen lorsqu'on fera usage d'un cliché un peu grand, et que l'on tiendra à avoir une grande netteté sur les bords de l'image.

Objectifs.

L'objectif employé le plus ordinairement est l'objectif double à portrait, à foyer assez court, de 9^{cm} à 13^{cm} (*fig.* 52). Il est bon de choisir un modèle à diaphragme

Fig. 52.

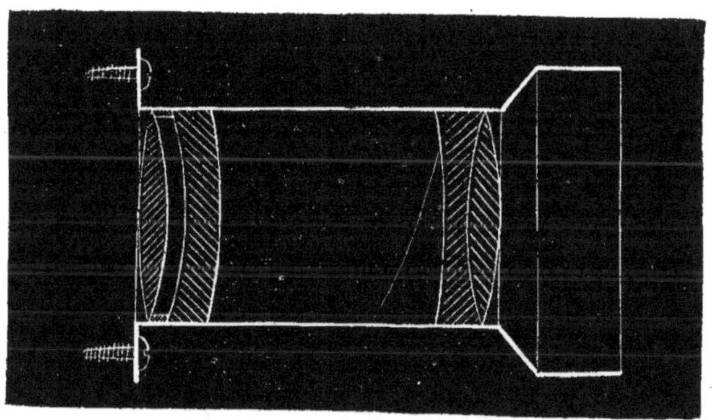

à vanne, afin d'éliminer les rayons trop divergents.

Pour obtenir le meilleur effet des diaphragmes, il faut les placer sur le parasoleil de l'objectif : on obtient alors des épreuves plus brillantes, tous les rayons inutiles à la production de l'épreuve étant éliminés ; ainsi se trouve supprimée cette lumière diffuse qui grise les épreuves.

Il vaut infiniment mieux employer des objectifs construits spécialement à cet usage et que les Anglais appellent *Lantern lens ;* ceux-ci sont corrigés en vue de l'agrandissement ; ils donneraient de mauvais portraits, mais les épreuves agrandies qu'ils fournissent sont de beaucoup supérieures aux autres.

Nos opticiens français fabriquent maintenant des objectifs de ce genre.

Lorsqu'on s'occupe seulement de portraits, les objectifs ordinaires quart de plaque ou demi-plaque sont largement suffisants; ce n'est que dans le cas d'agran-

Fig. 53.

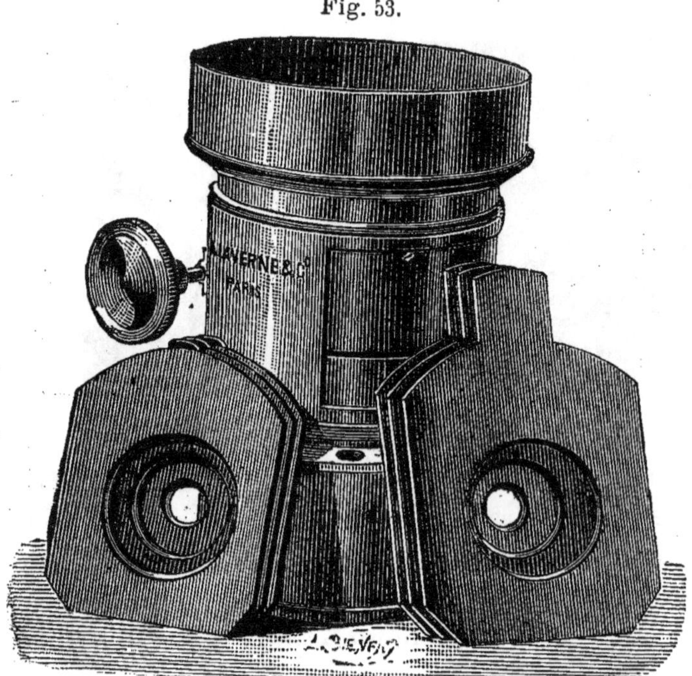

dissements de paysages qu'il faut employer des instruments combinés spécialement pour cet usage.

Enfin, dans les appareils qui travaillent sans condensateurs, les objectifs aplanatiques (*fig.* 53) sont supérieurs à tous les autres; ils sont moins lumineux, car il faut toujours les diaphragmer, mais ils donnent plus de netteté que tous les autres. Avec la lanterne à pétrole, l'éclairage est tellement amoindri qu'ils nécessitent en général des poses trop longues.

CHEVALETS.

L'image amplifiée produite par l'un ou l'autre des appareils d'agrandissement que nous venons d'exami-

Fig. 54.

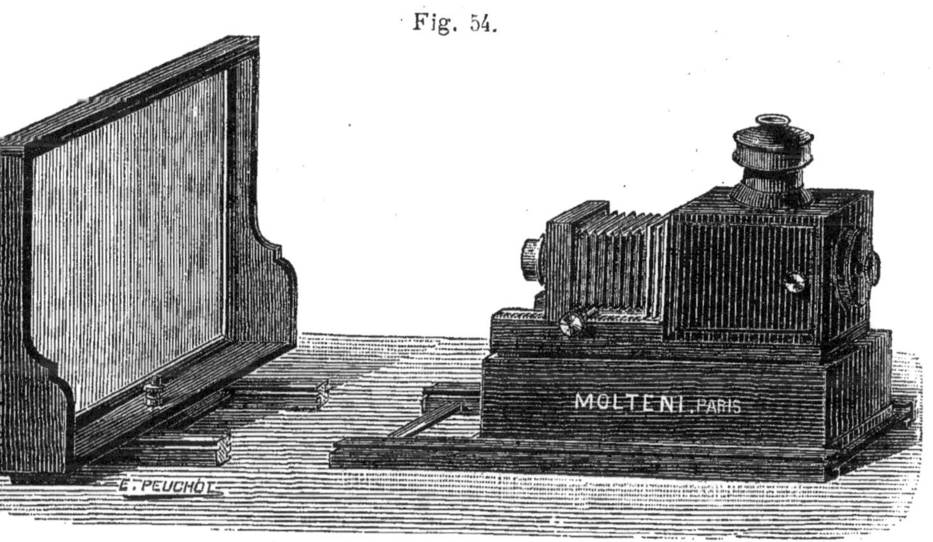

ner, est projetée sur un écran, couvert de papier bien blanc, sur lequel se fait la mise au point.

Lorsqu'on ne veut obtenir que des amplifications peu considérables, le chevalet peut être relié à la lanterne, et ne faire qu'un avec lui.

La *fig.* 54 représente la disposition adoptée par

M. Molteni. L'image projetée par la lanterne est reçue sur une glace dépolie montée dans un porte-châssis mobile à crémaillère, ce qui permet de faire la mise au point, avec ou sans loupe, aussi exactement qu'elle se fait dans la chambre noire.

Avec cette disposition d'appareil, il est indispensable d'opérer dans une pièce obscure, condition qui n'est pas toujours commode.

Dans le cas contraire, il suffit de relier l'appareil et

Fig. 55.

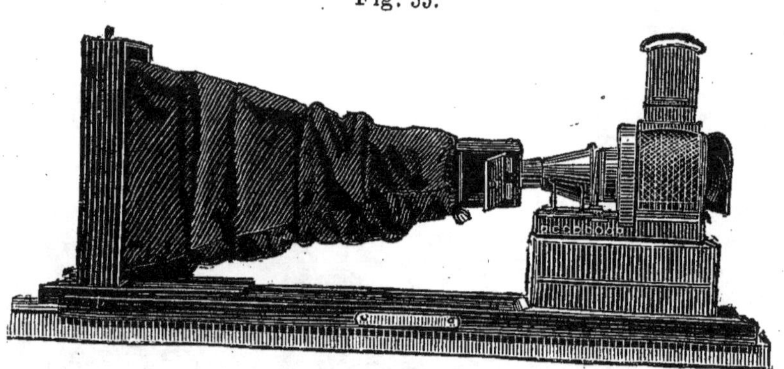

le châssis au moyen d'un manchon en étoffe noire; c'est la disposition que représente la *fig.* 55.

Lorsque, au contraire, on veut obtenir de grandes épreuves, 40×50 par exemple, le chevalet doit être séparé de la lanterne et doit pouvoir s'éloigner à volonté; dans ce cas, on opère dans une pièce obscure, et l'on peut se servir d'un chevalet droit ordinaire de peintre, sur lequel on fixe à demeure une planchette à dessin.

Mais si l'on doit faire une série d'épreuves, et si l'on

veut employer le papier en rouleau, le chevalet Eastman (*fig.* 56) sera préférable. Une boîte placée à la partie supérieure contient le rouleau de papier que l'on dé-

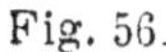

Fig. 56.

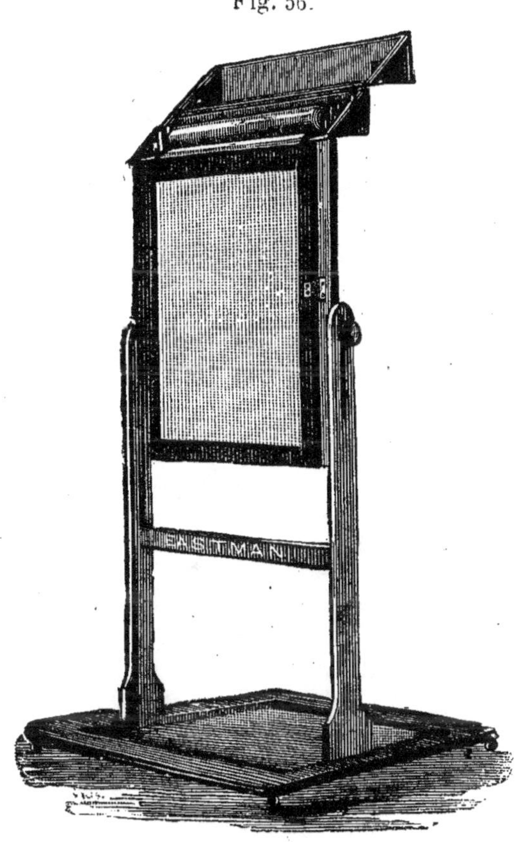

roule au fur et à mesure, et que l'on tend convenablement sur le chevalet au moyen de punaises.

M. Nadar a perfectionné cet instrument et produit un chevalet universel extrêmement commode (*fig.* 57).

Le chevalet Eastman-Nadar est monté sur des roulettes, et il peut glisser sur des rails que l'on fixe sur le parquet de la pièce destinée aux agrandissements.

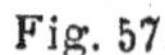

Fig. 57.

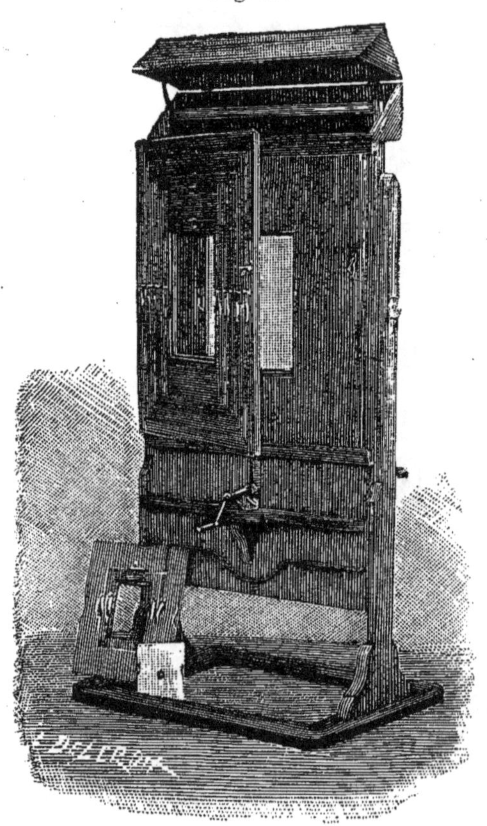

Il est muni d'une crémaillère à mouvement vertical et de glissières dans le sens horizontal, afin de pouvoir placer toujours son sujet à l'endroit déterminé. Deux vis de serrage l'arrêtent au point voulu.

Un système d'intermédiaires de toutes les grandeurs usitées, permet l'emploi des glaces sensibles ou des feuilles de papier au gélatinobromure. Celles-ci sont maintenues soit par des cadres extérieurs, soit par des punaises qui les fixent sur une planchette qui entre dans les intermédiaires, soit plus simplement en mouillant la feuille de papier et en l'étendant sur un verre.

Lorsqu'on veut employer le papier en rouleau tel que le fabrique la Compagnie Eastman, on utilise la boîte-magasin qui surmonte le chevalet.

Cette boîte contient un axe en bois, mobile, destiné à entrer au milieu de la bobine de papier. Toutes les largeurs de papier de la Compagnie Eastman sont également enroulées sur un cylindre de carton du même diamètre, afin que l'axe en bois puisse recevoir dans la boîte-magasin n'importe quelle dimension de papier. La mise au point se fait alors sur le fond du chevalet, et, une fois cette opération terminée, on déroule en dehors de la boîte, qu'un taquet laisse suffisamment entr'ouverte, la quantité de papier nécessaire; lorsque l'exposition est terminée, on coupe celui-ci au ras de la boîte.

Un frein permet de ne dérouler que la longueur voulue de papier sensible.

Mise en œuvre des appareils.

DISPOSITIONS GÉNÉRALES.

Quel que soit le modèle de lanterne employé, la mise en œuvre est à peu près la même (*fig.* 58).

La lanterne est d'abord placée sur un pied solide, une table, ou un pied à appareil photographique. On s'assure qu'elle est bien horizontale.

En avant d'elle, et à une distance qui varie suivant l'amplification que l'on désire, on place le chevalet, et l'on s'assure, au moyen d'une ficelle et de deux longues règles, que la lanterne et le chevalet sont dans deux plans parallèles. On place donc à l'avant de la lanterne une règle de 1^m environ, et l'on cherche à la mettre

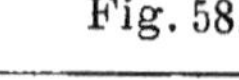

Fig. 58.

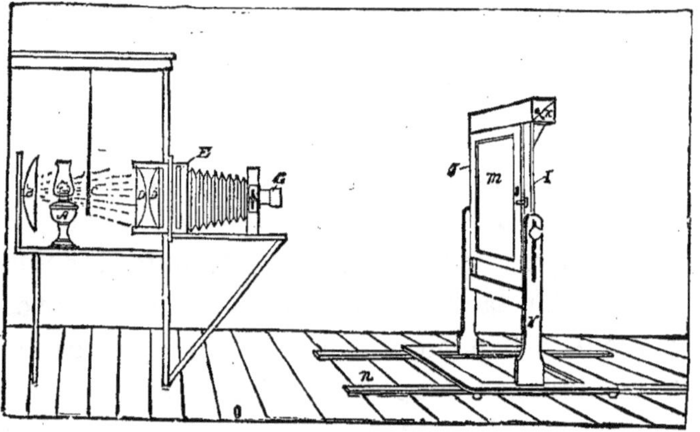

bien parallèlement à la face antérieure de l'appareil; on pose parallèlement une seconde règle contre la planchette du chevalet; au moyen d'une ficelle on vérifie alors si les distances entre les deux extrémités des règles sont égales à droite et à gauche, et l'on arrive facilement à rendre parallèles la lanterne et le chevalet.

Une disposition plus simple consiste à fixer contre le mur la planchette à dessin, et à rendre seulement mobile la lanterne. Celle-ci peut alors être placée sur un pied d'atelier ou sur une longue table, sur laquelle on pourra la faire avancer ou reculer.

ÉCLAIRAGE.

Ces dispositions étant prises, on passe à l'appar d'éclairage.

Lumière électrique.

Il va sans dire qu'on a étudié préalablement le courant électrique, et qu'au moyen d'un rhéostat et d'un ampèremètre on a proportionné son intensité à la force du régulateur. L'avantage des régulateurs à main est précisément d'éviter tout accident, aussi les préférons-nous aux régulateurs automatiques.

Si l'on emploie la lumière électrique, on met la lampe en communication avec la source d'électricité, et l'on centre l'appareil en cherchant une position dans laquelle le disque lumineux soit éclairé partout uniformément, et où les bords soient nettement terminés par une ligne arrêtée.

Lumière oxyhydrique.

Si c'est à la lumière Drummond que l'on a recours, on allume d'abord le jet d'hydrogène, et l'on chauffe doucement le cylindre de chaux en le faisant tourner sur son axe, soit à la main et avec une pointe de fer, soit avec le pignon que portent certains modèles. Quand la chaux est suffisamment échauffée, on ouvre doucement le robinet de l'oxygène. On a préalablement chargé le sac d'un poids de 60kg à 80kg. Le chalumeau siffle : c'est qu'il y a de l'air dans l'oxygène. On baisse alors l'hydrogène, et en ramenant peu à peu la flamme, on fait cesser le sifflement; la lumière émise par la chaux n'est à son maximum que lorsque les gaz brûlent sans bruit.

Avec le chalumeau à alcool, il faut surtout disposer la mèche jusqu'à ce que l'effet de l'oxygène produise son maximum d'action. Il suffira d'un poids de 40kg à 50kg sur le sac à oxygène.

On centre alors le point lumineux, en examinant le disque lumineux projeté sur l'écran; il doit être éclairé uniformément, sans taches obscures, sans zones d'irisation; en faisant avancer ou reculer le chalumeau, on obtient la netteté des bords du disque, en l'élevant ou l'abaissant; en le faisant mouvoir de côté, on fait disparaître les zones noires.

Voici quelques indications sur les mouvements nécessaires pour atteindre ce résultat.

Si la position du point lumineux est bonne, le disque lumineux projeté sur l'écran est éclairé également dans toutes ses parties A (*fig.* 59); si le point lumineux, bien qu'en étant dans l'axe, est trop loin ou trop près des lentilles du condensateur, la circonférence est moins éclairée que le centre B; s'il est en dehors de l'axe, trop à gauche, C, ou à droite, D, trop haut, E, ou trop bas, F, la pénombre se forme du même côté, et il faut ramener le foyer lumineux vers le centre.

Fig. 59.

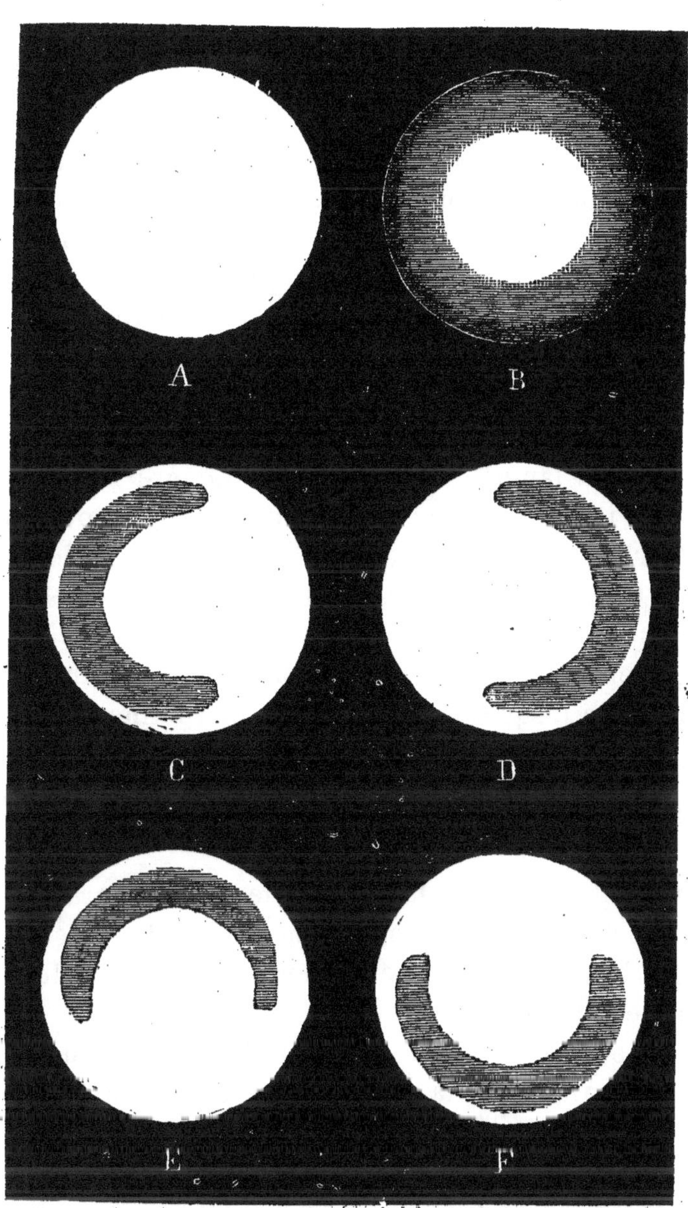

Éclairage au pétrole.

Dans le cas de l'éclairage au pétrole, on allume les lampes après les avoir mouchées, essuyées, ainsi que nous l'avons indiqué (p. 91), et l'on monte lentement les mèches des appareils à mèches multiples. On peut marcher plus vite avec les becs ronds à cheminée de verre.

Centrage du point lumineux.

On centre la lampe comme avec la lumière Drummond, mais ici la manœuvre se réduit à éloigner ou à rapprocher le point lumineux des condensateurs, car les appareils sont livrés, par le constructeur, centrés en hauteur et latéralement.

Si la lanterne porte un réflecteur mobile, on l'avance et on le recule jusqu'à ce qu'on ait obtenu le meilleur effet.

MISE AU POINT.

On introduit alors dans la coulisse le cliché à agrandir, en le plaçant dans un châssis en bois à rainure, en ayant soin de placer la couche qui porte l'image du côté qui regarde l'écran.

On avance ou l'on recule l'écran ou la lanterne jusqu'à ce qu'on ait obtenu la grandeur voulue, et l'on procède à la mise au point en faisant avancer ou reculer l'objectif.

Cette opération de la mise au point, qui paraît tout

d'abord très facile, est au contraire très embarrassante quelquefois, et l'on est tout étonné de voir qu'on peut faire avancer ou reculer l'objectif de quantité assez notable sans arriver à se rendre un compte bien exact du point vrai où le maximum de netteté est obtenu. Cela tient la plupart du temps à ce que les lignes du cliché manquent de précision et sont un peu floues, dans les portraits surtout. Il faut alors substituer au cliché un réseau ainsi fait : sur un verre de la dimension du cliché on étend un morceau de gaze de soie noire très fine que l'on maintient bien appliquée contre le verre en la collant sur les bords et en bordant de papier verre et gaze. Sur ce réseau, très facile à mettre au point à cause de sa netteté et de sa finesse, on trouvera rapidement le point où l'objectif doit être arrêté.

Ce réseau permettra également de vérifier le parallélisme de l'écran et de la lanterne : si un côté est moins net que l'autre, c'est que l'écran est oblique; après quelques tâtonnements, on trouve à mettre l'écran dans la direction voulue.

Le réseau permet encore de reconnaître les qualités ou les défauts de l'appareil; si l'objectif est bon, toute la surface sera également nette; s'il est défectueux, le centre sera net et les bords flous. Si l'on veut ramener la netteté des bords, le centre devient flou; le meilleur objectif sera celui qui donnera le champ de netteté le plus étendu.

En général, il faut chercher une position moyenne où toutes les parties de l'image ont une netteté suffisante.

Pour bien des opérateurs, il se rencontre à ce moment une difficulté toute particulière pour les portraits : on se demande quelles doivent être les proportions à donner, et la place que doit occuper la tête.

Voici, d'après M. Klary, les règles à suivre à ce sujet :

La grandeur moyenne de la figure d'un homme, du bas du menton à la racine des cheveux, est de 20^{cm} ; celle d'une femme de 18^{cm}, celle d'un enfant de 13^{cm} à 15^{cm}. environ.

Si l'on doit obtenir des portraits de grandeur naturelle en simples vignettes, ils exigeront des épreuves de la dimension de 50^{cm} sur 60^{cm} ou plus grandes, à partir de la tête d'un adulte, et de 45^{cm} sur 55^{cm}, ou de 40^{cm} sur 50^{cm} pour la tête d'un enfant.

Lorsque, dans un agrandissement, au lieu de représenter la tête seulement, on désire avoir le personnage complet, voici une règle simple et facile, qu'on pourra suivre, pour déterminer immédiatement la grandeur de la feuille de papier nécessaire.

Mesurez exactement avec un compas la longueur du visage de la petite photographie originale, tirée directement sur le cliché, et assurez-vous combien de fois cette longueur est comprise dans le reste de l'image ; convertissez le résultat obtenu en centimètres.

Citons un exemple. Supposons que le sujet que nous avons à agrandir soit un portrait carte de visite, représentant un enfant assis sur une chaise, et que toute la photographie doive être complètement comprise dans l'agrandissement.

Mesurons d'abord la longueur du visage, du bas du menton à la racine des cheveux. Ceci nous donne $1^{cm},25$.

Déterminons ensuite combien de fois cette mesure est comprise dans le reste de la petite épreuve, opération qui se fait rapidement au compas : nous trouverons en général qu'elle y est contenue quatre fois. Il est généralement admis, en outre, que la partie des cheveux visible au sommet de la tête est équivalente au cinquième de la longueur totale de la tête.

Nous supposons qu'on nous demande la reproduction agrandie du portrait de l'enfant en donnant à la tête une longueur de 10^{cm}.

Nous constaterons que ce qui reste du modèle aura quatre fois cette dimension, c'est-à-dire 40^{cm}, et les cheveux au sommet de la tête $2^{cm},5$.

Le total de ces mesures nous donne déjà une longueur de $52^{cm},5$.

On doit laisser au-dessus du personnage une marge qui ne peut être moindre que la longueur du visage. La marge du bas doit être au moins moitié de la marge du haut. Ces dimensions ne pourraient être diminuées sans nuire à l'harmonie de l'épreuve.

En conséquence nous obtenons :

Pour la figure...........................	10^{cm}
Pour le reste du corps.................	40
Pour les cheveux.......................	2 ,5
Pour la marge supérieure............	10
Pour la marge inférieure.............	5
Ce qui donne un total de.............	$67^{cm},5$

En considérant les proportions de la longueur et de la largeur d'une photographie carte de visite, nous devons conclure qu'une feuille de papier de 55cm sur 67cm,5 est nécessaire pour cet agrandissement.

La mise au point étant effectuée, on masque l'objectif en plaçant en avant des lentilles un verre jaune ou rouge, et l'on met en place le papier sensible. Par ce moyen, on voit toujours l'image sur l'écran; elle est floue et peu visible avec le verre jaune, mais on ne commet pas d'erreur dans la mise en place du papier.

La feuille de papier étant choisie, on examine avec soin quel est l'endroit ou l'envers, et il est facile de se tromper en opérant dans l'obscurité; le côté sensible se reconnaît cependant assez aisément en le touchant avec le doigt mouillé; celui-ci colle du côté sensible, grâce à la gélatine qu'il porte.

On fixe le papier soit avec des punaises, ce qui est le moyen le plus simple, soit en le tendant sur un châssis extenseur. Mais nous préférons, pour notre compte, tremper le papier dans l'eau, et le mettre ainsi mouillé sur une grande glace préalablement fixée sur la planchette du chevalet. Il faut, dans ce cas, avoir le soin de marquer l'envers du papier avec une croix au crayon parce que, une fois mouillé, il est absolument impossible de distinguer l'endroit de l'envers.

On enlève alors le verre jaune, et l'on fait poser le temps voulu. Pendant cette opération de la pose, il est très important de ne pas marcher autour de l'appareil, car on doublerait certainement les lignes de l'épreuve.

Il est bien difficile d'indiquer le temps de pose : il peut varier de quelques secondes à plusieurs minutes, suivant l'intensité du cliché, suivant le mode d'éclairage employé et suivant le grossissement. Quelques essais préalables donneront toutes les indications suffisantes.

Lorsqu'on opère sur des feuilles de très grandes dimensions, on doit toujours faire auparavant quelques essais en usant de morceaux de papier de même fabrication et de petites dimensions; si l'on a à faire un portrait, on coupe un morceau de la grandeur de la tête et l'on cherche par tâtonnements le temps de pose exact.

CHAPITRE II.

MANIPULATIONS PHOTOGRAPHIQUES.

I. — CUVETTES.

Les grandes cuvettes sont souvent indispensables lorsqu'on fait des agrandissements, et nous conseillons l'emploi de celles qui sont formées par un cadre de bois dans lequel est encastrée une feuille de verre. Celles-ci se nettoient très facilement, et elles sont en somme moins coûteuses que les autres et plus faciles à manier si on les monte sur un chevalet comme le représente la *fig.* 60.

La cuvette pourra basculer et être munie d'un recouvromont A dans le sens de l'inclinaison, afin que le liquide ramené dans cotte partie ne se déverse pas. La cuvette est portée sur un bâti en bois. Les deux côtés B sont munis de deux tourillons C qui portent dans une échancrure D, faite au milieu des traverses E du bâti. La partie inférieure F repose sur deux taquets G,

Fig. 60.

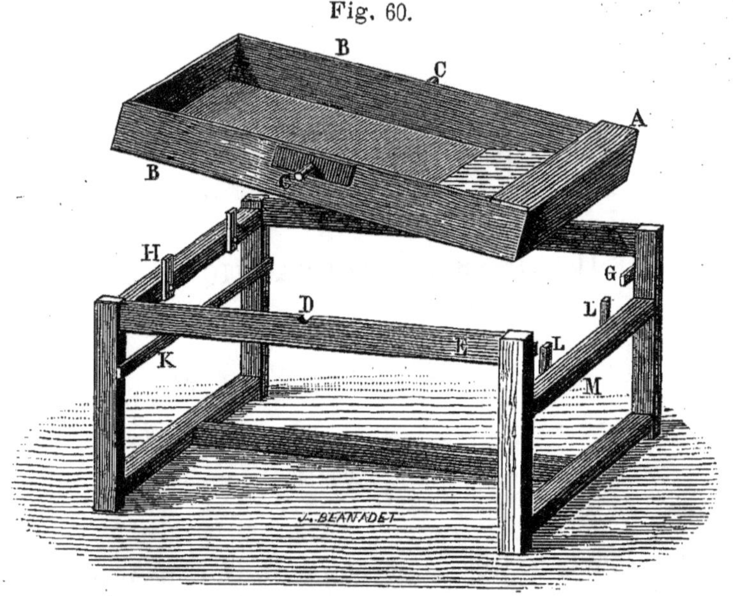

et la stabilité sera maintenue à volonté à l'aide de deux taquets à charnière H placés à l'arrière du bâti.

II. — PAPIERS POSITIFS.

PAPIER POSITIF AU CHLORURE D'ARGENT.

On n'emploie guère aujourd'hui le papier chloruré pour les tirages au moyen des appareils d'agrandissement; ils ne sont possibles qu'avec les appareils à lumière solaire condensée par de grandes lentilles.

On peut diminuer le temps de pose, toujours très

long par cette méthode, en soumettant le papier albuminé sensibilisé aux valeurs ammoniacales. Mais, en usant de ce système, il faut procéder immédiatement au virage et au fixage, le papier ne pouvant se conserver et noircissant rapidement.

On emploie les méthodes ordinaires de virage et de fixage que nous n'avons pas à décrire ici.

Les papiers à la gélatine chlorurée, que l'on trouve aujourd'hui dans le commerce, sont peut-être les meilleurs à employer dans ce cas. Ils sont plus sensibles que les papiers albuminés ou salés, et ils donnent des noirs plus profonds. Le virage et le fixage s'opèrent à la manière ordinaire, et il est facile d'obtenir toutes les teintes désirables [1].

PAPIER AU CHARBON.

Comme pour le papier chloruré, l'on ne pourra employer que les appareils solaires pour les tirages au charbon; il faut avoir seulement le soin de n'user que de papiers préparés spécialement pour les agrandissements; ils sont plus rapidement impressionnés que les autres.

PAPIERS AU GÉLATINOBROMURE.

Les couches très sensibles de gélatinobromure sont les seules à employer dans les agrandissements à la

---

[1] *Voir* notre Traité des *Épreuves positives sur papiers émulsionnés*. In-18 jésus 1896; (Paris, Gauthier-Villars et fils).

lanterne, et, en opérant avec soin, on obtient facilement de très belles épreuves.

On trouve aujourd'hui dans le commerce des produits photographiques plusieurs espèces de papier au gélatinobromure; nous décrirons les manipulations recommandées pour les principales d'entre eux.

Papiers Eastman. — Les papiers américains d'Eastman sont excellents et d'une régularité de fabrication parfaite. Ils se conservent pendant des années sans rien perdre de leurs qualités. Enfin, le développement et le fixage se font avec une très grande facilité.

Pour les agrandissements, il faut employer de préférence ceux de ces papiers qui sont marqués B et C; le premier est à surface lisse, et convient surtout pour les paysages où il est nécessaire de conserver toutes les finesses. Le second est à surface rugueuse; il se retouche admirablement et fait surtout valoir les blancs. Il est à préférer pour les portraits, pour les reproductions de neige ou de glaciers.

On marque à l'avance l'envers des feuilles, en essayant avec le doigt mouillé quel est le côté qui colle : c'est l'endroit. On immerge la feuille dans une cuvette *très propre,* et dans laquelle on a mis par avance une certaine quantité d'eau. Au bout de quelques minutes, le papier est complètement distendu; on l'enlève alors en le prenant par deux de ses angles, et on le présente devant le verre du chevalet; il adhère par capillarité. On cherche à éviter les bulles d'air qui feraient goder le papier. En soulevant les côtés, on parvient facilement à éliminer celles qui auraient pu se produire. On peut également se servir d'une éponge mouillée pour faire adhérer le papier à la feuille de verre.

Mais en tout ceci il faut avoir la précaution de se laver les mains avec soin au moment des manipulations, sinon on aura des taches.

La pose faite, on met de nouveau la feuille dans la cuvette d'eau, face en dessus; on l'immerge en remuant et après quelques instants on enlève cette eau et l'on jette à sa surface, d'un seul coup, le bain développateur.

Celui-ci est ainsi composé :

A.	Eau	1000^{cc}
	Oxalate de potasse	250^{gr}
	Acide citrique, à 10 pour 100, en quantité suffisante pour rougir légèrement le papier bleu de tournesol.	
B.	Eau	1000^{cc}
	Sulfate de fer	250^{gr}
	Acide citrique	25^{gr}
C.	Eau	100^{cc}
	Bromure de potassium	3^{gr}

On mélange dans un verre à expérience de grandeur suffisante :

Solution A	100^{cc}
Solution B	15
Solution C	2

L'image apparaît graduellement avec toutes ses valeurs *si le temps de pose a été exact;* elle devient grise, se salit, si l'exposition est dépassée; elle reste dure, les blancs et les noirs seulement apparaissent si l'exposition est insuffisante.

Lorsque l'épreuve est au point voulu, on rejette rapidement le bain de fer, et on le remplace *avant tout lavage* par la solution suivante :

Eau....................................	1000cc
Acide acétique.......................	20cc

Cette solution acide a pour but de dissoudre les sels de fer qui pénétreraient dans les fibres du papier et saliraient les blancs. Elle arrête en même temps le développement.

Il ne faut pas oublier que l'épreuve ne baisse pas au fixage; il faut donc arrêter le développement au point juste. On lave à plusieurs eaux et l'on fixe dans de l'hyposulfite de soude neuf à 15 pour 100.

Dans les premiers temps du fixage, les noirs prennent une teinte verte désagréable, mais elle ne dure pas et elle est rapidement remplacée par de beaux noirs.

Enfin, on obtient une teinte brune en prolongeant longtemps (une ou deux heures) l'immersion dans l'hyposulfite.

On lave abondamment et l'on fait sécher par suspension, *sans éponger entre buvards.*

S'il se formait des ampoules, accident fort rare, on immergerait les épreuves dans un bain de sel de cuisine, en les retirant de l'hyposulfite avant de les laver.

Un négatif faible peut donner de meilleurs résultats si l'on interpose un verre à teinte jaune faible, que l'on peut obtenir à l'intensité que l'on veut en employant des vernis à l'alcool colorés avec des jaunes d'aniline.

On peut appliquer ce vernis au dos du cliché et l'enlever dans les parties qui ont assez de force ; on harmonise ainsi des clichés trop durs.

On peut encore empêcher les grands noirs de devenir trop intenses en faisant ombre devant ces parties pendant la pose, au moyen de découpages ou de tampons de ouate portés sur un bâton. On agite ces écrans afin de ne pas produire de lignes arrêtées.

Pour vignetter les agrandissements sur fond blanc, on se servira d'un carton percé d'un ovale, et qu'on approchera ou éloignera de l'épreuve, suivant la grandeur qu'on veut obtenir. Pour que le dégradé soit parfaitement fondu, il faut tenir le carton en mouvement pendant toute la durée de la pose.

Lorsqu'on a été obligé de rechampir complètement le ciel d'un cliché de paysage, on aura intérêt quelquefois à teinter légèrement ce ciel, afin d'éviter des effets d'une trop grande dureté. Au moyen d'un petit artifice, on peut arriver à ce résultat, mais il faut se faire aider par une autre personne; à soi seul la chose ne serait pas possible.

On prépare à l'avance une silhouette en carton ou en fort papier opaque, qui permette de couvrir tout le paysage, en laissant à découvert le ciel. Lorsque le temps de pose est écoulé, on prend cette silhouette, que l'on présente devant l'épreuve en la maintenant à une petite distance, mais sans toucher le papier. A ce moment, un aide projette un faisceau de lumière sur le papier au moyen d'une lampe à réflecteur, il fait mouvoir la lampe de droite à gauche, de façon à répartir également la lumière. Pendant ce temps, le premier manipulateur fait mouvoir la silhouette de bas en haut, de façon à obtenir un fondu dans la partie inférieure du ciel. La pose est de quelques secondes si la lampe est à peu de distance du papier sensible, 50^{cm} : mais il vaut mieux éloigner le foyer lumineux à 1^{m} environ et poser plus longtemps, l'effet n'en sera que meilleur.

Papiers Morgan et Kidd. — Les papiers Morgan et Kidd, dont le dépôt est chez M. Gaumont, sont fort bien préparés, d'une grande régularité, et l'espèce blanc émail est plus particulièrement à recommander.

Papier Ilford. — On trouve chez M. Molteni un papier analogue à ceux que nous venons de citer et qui demande les mêmes manipulations, et sur lequel on obtient aussi des épreuves parfaites : c'est le papier Ilford.

Papier Lamy. — Le papier Lamy donne également d'excellents résultats, mais les manipulations sont un peu différentes, un peu plus longues qu'avec les papiers précédents.

Le bain révélateur se composera de :

Dissolution filtrée	d'oxalate à 30 pour 100.....	100^{cc}
»	» de sulfate de fer à 30 pour 100	25
»	» d'acide citrique à 30 pour 100	10

En immergeant le papier, s'il est sec, brosser de suite

la surface, une seule fois, avec un pinceau en longues soies de porc.

Tourner et retourner sans cesse le papier, en le maintenant à l'action du bain révélateur jusqu'à l'obtention de noirs suffisamment intenses.

On lave ensuite rapidement et à plusieurs eaux, et l'on plonge dans le bain de durcissement suivant :

Eau	1000^{cc}
Alun de potasse	40^{gr}
Carbonate de soude	250^{gr}
Soude ou potasse	5^{gr}

Ce bain ne doit servir que pour quelques épreuves, il doit être renouvelé souvent; l'épreuve est laissée, face en dessous, pendant trois minutes, temps suffisant pour obtenir le durcissement de la gélatine.

Sans laver l'épreuve, après l'avoir simplement égouttée, on l'immerge dans le bain fixateur d'hyposulfite ainsi composé :

A. Eau	1000^{cc}
Hyposulfite de soude	150^{gr}
B. Eau chaude	200^{cc}
Alun de potasse	60^{gr}

Après dissolution séparée, mélanger A et B, laisser reposer douze heures, décanter et filtrer.

Lorsque l'épreuve est placée dans le bain fixateur, il faut la remuer, la retourner sans cesse jusqu'à disparition des marques graisseuses. On l'abandonne alors dans le bain, face en dessous, et en évitant les bulles, pendant quinze minutes en hiver, pendant cinq minutes en été.

Ce bain d'hyposulfite doit être fréquemment renouvelé, si l'on veut être assuré de la durabilité de l'épreuve.

Le fixage étant opéré, il faut encore procéder à un second alunage, en la plongeant dans le premier bain de durcissement. L'épreuve reste encore quinze minutes dans ce bain, puis on procède aux lavages.

Il faut environ six heures d'immersion dans une eau renouvelée toutes les demi-heures pour que l'hyposulfite soit entièrement éliminé.

Pour sécher l'épreuve, on la placera à cheval sur un bâton rond, de 10^{cm} de diamètre environ, et recouvert de papier buvard.

Papiers Saint-Clair. — M. Saint-Clair a mis dans le commerce des papiers au gélatinobromure qui sont également d'une fabrication très soignée. Aussi se conservent-ils très longtemps, à la seule condition de les tenir à l'abri de la lumière et de l'humidité. Cette dernière condition, négligée parfois, est importante, car la gélatine s'altère, et il en résulte des taches et des inégalités dans les images.

Papiers Guilleminot. — MM. Guilleminot, Roux et Cie viennent de mettre en vente tout récemment des papiers bromurés excellents; leurs qualités peuvent rivaliser avec celles de leurs plaques, dont la réputation est établie depuis longtemps.

DÉVELOPPEMENTS DIVERS.

On peut encore développer les positifs sur papier au gélatinobromure en employant d'autres développateurs que l'oxalate de fer. Les tons sont différents et poussent au brun, ce qui est quelquefois préférable aux noirs purs que donnent les sels de fer.

Nous empruntons à M. F. Dillaye une série de formules parfaitement étudiées, qui résument très bien ces révélateurs autres que le sulfate de fer.

On prépare tout d'abord la solution alcaline A, qui servira avec toutes les formules :

A.	Eau chaude ayant bouilli...........	100^{cc}
	Carbonate de potasse...............	15^{gr}
	Carbonate de soude.................	$31^{gr},5$

Acide pyrogallique :

B.	Solution de sulfite de soude anhydre à 15 pour 100.....................	100^{cc}
	Acide pyrogallique.................	5^{gr}
	Acide citrique.....................	$0^{gr},5$

Pour composer le révélateur, on prendra :

Eau..................................	100^{cc}
B....................................	6
Sulfite de soude à 15 pour 100.........	14
A....................................	3

On obtient très facilement, avec ce développateur, des épreuves à ton noir brun d'un excellent effet.

Hydroquinone :

C.	Eau chaude ayant bouilli...........	1000cc
	Sulfite de soude anhydre...........	125gr
	Hydroquinone.......................	50gr

On forme le bain avec :

Eau...............................	100cc
C.................................	20
A.................................	14

Les images sont particulièrement vigoureuses et d'un noir accentué; un développement trop long, nécessité par une pose insuffisante, donne des blancs un peu jaunis. On évite en partie cet accident en passant l'épreuve dans l'eau acidulée à l'acide citrique, avant le fixage à l'hyposulfite.

Iconogène :

D.	Eau chaude ayant bouilli..........	1000cc
	Sulfite de soude anhydre...........	30gr
	Iconogène..........................	15gr

On mêle pour l'usage :

Eau...............................	100cc
D.................................	35
A.................................	10

On obtient avec ce bain des images douces et harmonieuses. Quand la pose a été exacte et que la réduction du bromure d'argent peut se faire complètement sans nuire à la pureté de l'image, les noirs sont d'un ton très riche.

Paramidophénol :

E.	Eau distillée	1000cc
	Sulfite de soude anhydre	37gr,5
	Paramidophénol (chl.)	5gr

On mélange :

Eau	100cc
E.	100
A.	8

L'image vient rapidement, très brillante et sans voile, avec des blancs parfaitement purs.

Métol :

F.	Eau chaude ayant bouilli	1000cc
	Bisulfite de potasse	100gr
	Métol	32gr

Le bain se compose de :

Eau	200cc à 400cc
F.	20
A	12

Images assez semblables à celles données par le paramidophénol.

Amidol :

G.	Eau chaude ayant bouilli	1000cc
	Sulfite de soude anhydre	80gr
	Amidol	10gr

On allonge cette solution avec 4 ou 8 parties d'eau.

Observations. — Lorsqu'il s'agit de développer un certain nombre d'épreuves de dimensions moyennes, on peut en immerger plusieurs dans le bain développateur, en les plongeant successivement dans le liquide, et en évitant avec grand soin les bulles d'air. Mais, lorsque les feuilles dépassent 30 × 40, il est toujours prudent de ne développer qu'une épreuve à la fois; tout au plus pourrait-on en placer deux dos à dos; et, dans ce cas, il faut continuellement changer de face le paquet ainsi formé. Une condition essentielle alors est de se laver les mains avec le plus grand soin pour éviter les taches.

Si la feuille sensible est de très grandes dimensions, on se servira de la cuvette à pivots (*fig.* 53) et, pour ne pas la déchirer pendant le développement, le fixage et surtout le lavage, on placera au fond de la cuvette une grande toile cirée. Cette toile aidera à retirer l'épreuve du bain de fixage, lorsqu'elle sera au point voulu, et à la porter dans les cuvettes qui contiennent les bains qui doivent suivre.

Il est toujours utile de ramollir dans l'eau les très grandes épreuves avant de les soumettre au bain de développement; il serait difficile, sans cela, d'éviter des inégalités de développement.

L'épreuve plongée dans le bain de fer doit se développer rapidement, condition essentielle pour obtenir des teintes franches : et ce résultat dépend du temps de pose et surtout de l'état du bain.

Si les grands blancs se teintent, deviennent gris, c'est que l'exposition a été trop longue; dans ce cas le ton de l'image est noir gris ou noir verdâtre. Quelquefois on peut atténuer ce défaut par un virage : nous donnerons tout à l'heure quelques formules.

Si le modelé est insuffisant, malgré un développement poussé longtemps, c'est que l'exposition a été trop courte. Ici il n'y a pas de remède possible et il faut recommencer à nouveau.

Le meilleur ton est le noir bleu, qui ne peut s'obtenir que lorsque le temps de pose a été juste et que le développement a été poussé jusqu'à intensité suffisante des noirs.

Il arrive quelquefois que le séjour trop prolongé de l'épreuve dans le bain de fer amène un léger dépôt, une teinte jaunâtre sur les blancs, et cet effet se produit surtout avec un bain qui a déjà servi à développer d'autres épreuves.

En été, cet accident se produit rarement, mais en hiver il ne peut guère s'éviter qu'en chauffant le laboratoire à 15° au moins.

On peut, jusqu'à un certain point, faire disparaître cette teinte en lavant l'épreuve dans de l'eau acidulée, soit par l'acide sulfurique à 1 pour 100 ou à l'acide citrique; laver rapidement dans l'eau et immerger dans le bain d'alun.

En hiver, on peut se dispenser des bains d'alun lorsque les eaux de lavage sont très froides, mais il faut absolument en faire usage dès que le thermomètre s'élève au-dessus de 12°. Non seulement l'alunage évite les ampoules, mais encore en durcissant la couche de gélatine, il rend plus facile le maniement dans les bains;

car, après alunage, la couche ne se laisse plus entamer par les doigts.

Cet alunage est encore nécessaire pour faciliter le montage sur carton. S'il n'a pas été fait, lorsqu'on appliquera la colle au dos de l'image, celle-ci adhérera, surtout en été, à la surface sur laquelle elle est posée. Puis encore, lorsque l'image sera appliquée sur le carton, l'éponge et le papier buvard qu'on est obligé de passer à sa surface laisseront des marques si la gélatine n'a pas été préalablement durcie à l'alun.

Il est nécessaire de supprimer l'alun de chrome du bain de durcissement lorsqu'on opère avec du papier gélatinobromure blanc, parce que cet alun teinte légèrement les blancs de l'image. Au contraire, la teinte ainsi produite est favorable quand on opère sur papier gélatinobromure rose.

Les mêmes remarques peuvent s'appliquer aux développements alcalins, pyrogallique, amidol, etc. D'une manière générale, l'exposition doit être assez prolongée pour donner un développement rapide et une réduction complète des sels d'argent; c'est également le moyen d'éviter le jaunissement des blancs et la teinte verte des noirs.

VIRAGE.

Il arrive quelquefois, comme nous l'avons déjà dit, que, par suite d'une erreur dans le temps de pose, la couleur de l'épreuve est défectueuse, grise ou verdâtre. On peut atténuer en partie ce défaut et ramener au noir ces teintes désagréables, en immergeant l'épreuve convenablement lavée dans un bain de bichlorure de mercure à 5 pour 100; au bout d'un temps plus ou moins long, l'épreuve blanchit, et il faut prolonger l'immersion dans le bain jusqu'au moment où la couche de gélatine, regardée par transparence, est devenue entièrement blanche. On lave abondamment et l'on noircit par un bain d'eau ammoniacale, ou d'hyposulfite, ou mieux de sulfite de soude. Le noircissement s'opère inégalement et tout d'abord l'image semble se tacher partout; il faut agiter le liquide et ne cesser son action que lorsque le noircissement est bien uniforme, sans toutefois prolonger cette action au delà du temps nécessaire à cet effet, car la couche serait attaquée et les teintes se griseraient.

Par ce procédé, l'image prend un ton noir pourpré d'un effet agréable, mais elle devient un peu heurtée, à moins que le cliché employé ne soit un peu gris. C'est donc le moyen d'atténuer le mauvais effet d'un cliché de ce genre.

Il est bon d'ajouter que les épreuves ainsi traitées n'ont peut-être pas la même durabilité que celles simplement développées au fer.

On peut également modifier légèrement les teintes trop bleues des bains de fer à l'acide citrique, en prolongeant pendant une heure l'immersion dans le bain d'hyposulfite; mais alors il faut employer un bain absolument neuf, sans cela les blancs pourraient un peu jaunir.

Le bain suivant peut aussi être employé quand on

veut atténuer le teint olivâtre de certaines épreuves.

Eau	900cc
Hyposulfite	200gr
Chlorure de sodium	50gr
Sulfocyanure d'ammonium	12gr
Alun	24gr
Chlorure d'or à 1 pour 100..	quelques gouttes.

On laisse l'épreuve dans ce bain jusqu'à coloration convenable, on lave et l'on fait sécher.

Les virages se font toujours mal avec les épreuves développées au fer; il faut employer les autres formules lorsque l'on tient à obtenir les tons photographiques ordinaires.

Enfin, les virages aux sels d'urane permettent de modifier complètement la coloration des épreuves.

Voici quelques formules.

On prépare à l'avance les trois solutions suivantes :

A. Eau	100cc
Azotate d'urane	1gr
B. Eau	100cc
Ferricyanure de potassium	1gr
C. Eau	100cc
Perchlorure de fer cristallisé	10gr

En mélangeant (au moment de l'emploi) ces trois solutions en diverses proportions, on obtient des colorations différentes.

Brun. — 10 parties de A et 1 partie de B.

Brun rouge. — Parties égales de A et de B.

Rouge orangé. — 1 partie de A et 2 parties de B.

Bleu verdâtre. — Virer d'abord au brun et plonger dans 1 partie de C et 5 parties d'eau.

Bleu de Prusse. — Virer au brun rouge et traiter par C sans addition d'eau.

Toutes ces colorations peuvent être enlevées par une solution de carbonate de soude.

Lavez rapidement après virage et faites sécher; un séjour prolongé dans l'eau modifierait les teintes obtenues. Celles-ci montent au séchage.

Il est essentiel que des lavages soignés aient enlevé tout l'hyposulfite avant de traiter les épreuves par les sels d'urane.

INSUCCÈS.

M. Lamy a indiqué d'une manière très exacte les insuccès qui peuvent se produire dans l'opération du développement; voici ces renseignements :

Épreuves sans demi-teintes. — Insuffisance de pose.

Demi-teintes trop accentuées, noirs empâtés et verdâtres. — Trop de pose.

Épreuves grises. — Insuffisance de développement.

Les blancs sont jaunes. — L'une des causes suivantes :

1° Si le développateur a *déjà servi* ou bien s'il a été composé depuis trop longtemps, surtout en été;

2° Si le lavage après développement n'a pas été assez abondant et s'il n'a pas été effectué assez rapidement;

3° Si la feuille insuffisamment *posée* a été poussée très longtemps au développement.

Les demi-teintes sont jaunâtres. — Trop long séjour de l'épreuve dans l'hyposulfite. En été, huit minutes suffisent.

Taches noires ou jaunes dans les angles. — Sont causées par les mains de l'opérateur qui, avant ou pendant le développement, a touché à l'hyposulfite ou aux tables.

Parties d'image manquant d'impression. — Ce défaut se produit lorsque, pour éclairer la *lanterne d'agrandissement,* on s'est servi d'une lampe à pétrole à plusieurs mèches.

Ampoules. — Sont causées par l'un ou l'autre des motifs suivants :

1° Lorsque le lavage après développement a été effectué en un temps excédant une minute;

2° Lorsque l'hyposulfite ne contient pas la proportion d'alun que nous avons indiquée ;

3° Lorsque, sous l'image, des bulles d'air ou des mousses ont été emprisonnées ;

4° Des ampoules se forment aussi sur ce papier, *en été, par température élevée,* lorsque, pour opérer, on ne dispose pas d'un atelier, de bains et d'eau assez froids.

Épreuve terne. — La surface de l'épreuve se couvre

d'un dépôt qui la ternit si, avant de l'immerger dans le bain d'hyposulfite elle n'est pas parfaitement égouttée. Elle est encore terne si dans ce bain elle est abandonnée *face en dessus.*

Ces défauts ne sont visibles qu'après dessiccation.

MONTAGE.

Le montage des épreuves peut se faire sur cartons ou sur châssis entoilés, ces derniers étant les seuls possibles pour les grandes dimensions et supérieurs dans tous les cas aux cartons.

L'épreuve, plongée dans l'eau jusqu'à ramollissement complet, est ensuite placée sur un verre *talqué,* ce qui évitera les accidents, enduite de colle d'amidon ou mieux de colle de pâte dextrinée, suivant la formule que nous donnons plus bas, et appliquée sur le carton ou sur la toile du châssis enduits également d'une couche de colle. On applique l'épreuve en évitant les plis et les bulles d'air en s'aidant d'une éponge légèrement mouillée. Sur l'image ainsi appliquée, on étend une feuille de papier buvard qu'on fait toucher partout avec le plat de la main, sans trop appuyer, afin d'enlever les gouttes d'eau laissées par l'éponge et qui, sans cette précaution, laisseraient des marques sur l'épreuve.

On laisse sécher à plat, après quoi, si l'épreuve est sur carton, on passe au laminoir et l'on procède à la retouche.

Le montage sur châssis demande à être fait avec

beaucoup de soin, mais les résultats qu'il donne sont infiniment supérieurs à ceux du montage ordinaire sur carton.

On fait préparer par un menuisier un cadre en bois assemblé à mi-bois dans les angles, pas trop épais pour ne pas l'alourdir trop. On se procure également de la toile de coton écrue bien lisse, à trame serrée, et surtout bien égale, sans nœuds, sans rugosités. On donne à la toile 8^{cm} de plus que les dimensions du châssis, afin de pouvoir rabattre les bords. On mouille légèrement pour faciliter l'opération du tendage, et l'on pose le châssis sur la toile. Il faut maintenant la fixer convenablement avec de petits clous de tapissier dits *semences*. Un petit marteau d'horloger, ou mieux un marteau de tapissier, servira à enfoncer les clous.

Placez tout d'abord un clou au milieu d'un des bords du cadre (sur la tranche, bien entendu), puis un deuxième sur le milieu du bord opposé en tendant la toile; faites de même sur les deux autres côtés. A 3^{cm} environ de chacun de ces clous, plantez-en un second à droite et un autre à gauche, faites en autant au côté opposé, puis sur chacune des deux autres faces, et continuez ainsi en allant du centre vers les angles.

De cette façon seulement il est possible d'éviter les plis, condition essentielle pour obtenir une épreuve bien plane. Il faut quelque soin pour tendre également la toile, et surtout agir avec lenteur en vérifiant toujours l'égalité de la tension; si l'on voit les fils de la toile se dévier à droite ou à gauche, l'opération est mal faite, et il faut chercher à ramener la toile dans la direction voulue par une traction dans le sens opposé. Un peu de pratique en apprendra du reste plus que toutes les descriptions que nous pourrions ajouter.

L'épreuve, convenablement ramollie, est collée sur la toile comme nous l'avons déjà indiqué.

L'opération du collage faite, laissez sécher à plat, l'épreuve en dessus, sans jamais la placer devant le feu pour activer le séchage; elle se gondolerait infailliblement.

La colle de pâte dextrinée, de beaucoup supérieure à la colle d'amidon, parce qu'elle est bien plus adhésive, se prépare ainsi : on fait un mélange de

Farine de blé......................	3 parties
Dextrine jaune.....................	1 partie.

Dans ce mélange effectué dans une casserole en tôle émaillée, de grandeur convenable, on verse une très petite quantité d'eau froide, et en s'aidant d'une cuiller, on fait une pâte épaisse que l'on bat fortement afin de la rendre bien homogène. Cet effet obtenu, on ajoute de l'eau, de façon à obtenir un liquide à consistance de crème. On met alors sur le feu, et l'on fait cuire en remuant sans interruption avec la cuiller, et jusqu'à ce que le tout prenne une consistance pâteuse.

Dans cet état, la colle serait trop épaisse pour l'emploi; il faut l'étendre avec de l'eau en quantité convenable, ce que l'expérience apprend facilement.

La colle d'amidon se prépare ainsi :

Amidon..............................	40^{gr}
Eau froide..........................	50^{cc}

Délayer et ajouter en agitant

Eau bouillante........................	450cc

Faire bouillir trois minutes, retirer du feu et ajouter

Alcool................................	10gr
Thymol................................	1gr

BRILLANTAGE DE L'ÉPREUVE.

Quelquefois il est bon d'augmenter le brillant de certaines épreuves; les détails prennent alors plus d'effet; les sculptures, les armes, par exemple, gagnent beaucoup, alors que les grands portraits, au contraire, ne peuvent supporter ce brillant.

Le moyen le plus simple consiste à recouvrir l'épreuve montée sur carton, et préalablement satinée à froid, d'une couche de collodion normal.

Mais l'emploi des vernis est préférable.

Première formule. — Préparer une dissolution de gomme laque dans le borax en faisant bouillir jusqu'à complète dissolution :

Eau..................................	1000cc
Borax................................	45gr
Gomme laque..........................	250gr

La gomme laque doit avoir été blanchie nouvellement; autrement, le vernis manquerait de brillant.

On laisse refroidir et reposer pendant vingt-quatre

heures, on décante le liquide en rejetant d'abord la matière grasse qui surnage, on filtre au papier.

On verse cette solution dans une cuvette de porcelaine très propre, on fait disparaître les bulles qui peuvent s'être formées à la surface, et l'on y plonge l'épreuve quelques secondes seulement. On l'enlève et on la suspend par un angle. Mais, pour réussir complètement, il faut opérer dans un atelier très chaud, sinon le brillant ne se produirait qu'incomplètement.

Deuxième formule. — On peut encore préparer la dissolution de gomme laque en opérant comme il suit :

Eau ordinaire...........................	1000 cc
Gomme laque blanche concassée.......	250 gr

On fait bouillir en ajoutant peu à peu ce qu'il faut d'ammoniaque pour dissoudre la gomme laque ; on décante et l'on filtre comme pour la solution au borax.

La couche ainsi obtenue est peut-être un peu moins dure que la première.

RETOUCHE.

La retouche des grands portraits agrandis demande à être faite avec soin, et surtout par un artiste qui puisse comprendre, interpréter le sujet qu'il a sous les yeux. Bien souvent il suffit de très peu de chose, quelques coups de grattoir sur les blancs, quelques coups de force dans les noirs pour changer complètement une épreuve, alors qu'un travail minutieux et qui chercherait à corriger tous les petits détails ne donnerait qu'une œuvre dépourvue de toute valeur artistique.

Ici nous ne pouvons traiter ce côté artistique de la question, il doit être connu par avance de celui qui veut faire de la retouche ; nous ne pouvons qu'indiquer les moyens d'exécution les plus usités, ceux qui permettent d'obtenir les meilleurs résultats.

D'une manière générale, la retouche demande comme outils : un grattoir à lame étroite, de la gomme à gratter, de la poudre de pierre ponce, plusieurs bons pinceaux de diverses grandeurs, une dissolution très épaisse de gomme arabique et les couleurs suivantes broyées à l'eau (couleurs en tube) : encre de Chine, teinte neutre, carmin et blanc de Chine.

Dans un portrait on s'occupe tout d'abord de la figure. Avec le grattoir, on fait disparaître tous les grains noirs provenant des défauts grossis du cliché, grains de poussière que, la plupart du temps, on n'a pas eu le soin d'enlever avant la pose, et qui font une multitude de trous sur le cliché. Enfin les pores de la peau produisent aussi cet effet de grains noirs.

Avec le grattoir on accentue vivement le brillant des yeux, les éclats de lumière qui se trouvent sur le nez, sur une partie du front, des joues, du menton, et qui peuvent se rencontrer aussi dans les lingeries : col, chemise, etc.

On enroule alors un morceau de vieux linge autour du doigt, on l'imbibe de salive, et l'on frotte toutes les parties qui ont subi l'action du grattoir. Puis, à l'aide du pinceau et d'un mélange de couleurs délayées et fortement gommées, dont la teinte doit être en harmonie avec le ton de l'épreuve, on bouche toutes les granulations blanches, cherchant à bien fondre ces retouches avec les parties avoisinantes.

On s'occupe ensuite du modelé, qui doit consister à harmoniser les parties les plus éclairées, à faire valoir les ombres portées, et à adoucir les éclats de lumière que le grattoir aurait trop accentués. Le modelé peut s'obtenir soit par un piquage, soit par une touche hardie de lignes larges ou fines, serrées ou écartées, suivant le goût du retoucheur.

Pour donner de la transparence à certaines ombres, on peut employer une solution de gomme ainsi faite :

Gomme arabique	30gr
Sucre candi	10gr
Eau	300cc
Acide acétique	15gr
Alcool	15gr

Quelquefois les couleurs prennent mal sur la surface de gélatine; il faut alors employer une solution de gomme ammoniacale qui se prépare de la façon suivante :

Eau	100cc
Alcool	25cc
Gomme arabique	13gr
Ammoniaque	quelques gouttes (10 à 12).

On ajoute l'alcool et l'ammoniaque dans la solution de gomme dans l'eau; il se produit alors un précipité, mais, en chauffant la solution au bain-marie, le précipité se dissout de nouveau.

Nous ne pouvons entrer ici dans tous les détails que comporterait la question de la retouche artistique, et nous renvoyons le lecteur aux excellents Traités de M. Klary [1].

---

[1] C. Klary. *L'Art de retoucher en noir les épreuves positives sur papier*. In-18 jésus; 1888 (1 fr.). — *Les portraits au crayon, au fusain et au pastel obtenus au moyen des agrandissements photographiques*. In-18 jésus; 1889 (2 fr. 50). — *Traité pratique de la peinture des épreuves photographiques* avec les couleurs à l'aquarelle et les couleurs à l'huile, suivi de *différents procédés de peinture appliqués aux photographies*. In-18 jésus; 1888 (3 fr. 50). — (Tous ces Ouvrages sont édités à la librairie Gauthier-Villars et fils, Paris.)

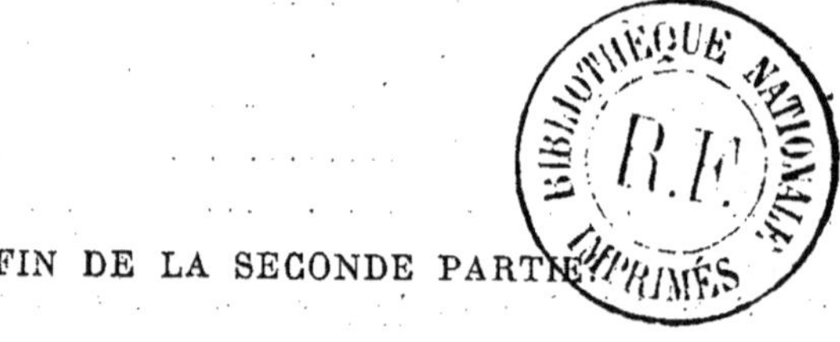

FIN DE LA SECONDE PARTIE.

TABLE DES MATIÈRES.

CHAPITRE I.

DES MÉTHODES D'AGRANDISSEMENT.

I. — Agrandissements à la chambre noire.

AGRANDISSEMENT DES POSITIFS SUR PAPIER.

AGRANDISSEMENT DES POSITIFS SUR VERRE.

II. — Agrandissements à la lumière solaire.

ÉCLAIRAGE DIRECT.

CHAPITRE II.

MANIPULATIONS PHOTOGRAPHIQUES.

I. — Cuvettes.

II. — Papiers positifs.

FIN DE LA TABLE DES MATIÈRES DE LA SECONDE PARTIE.

5494 B. — Paris, imp. Gauthier-Villars et fils, 55, quai des Grands-Augustins.

OUVRAGES DU MÊME AUTEUR.

LES ÉPREUVES POSITIVES
SUR
PAPIERS ÉMULSIONNÉS.

PAPIERS CHLORURÉS. PAPIERS BROMURÉS. FABRICATION.
TIRAGE ET DÉVELOPPEMENT.
VIRAGES, FORMULES DIVERSES.

In-18 jésus; 1896... 2 fr.

LA PHOTOGRAPHIE EN MONTAGNE.

In-18 jésus, avec 28 figures et 1 planche; 1894.......... 2 fr. 75 c.

LA PHOTOGRAPHIE
APPLIQUÉE A L'ARCHÉOLOGIE;

REPRODUCTION DES MONUMENTS,
ŒUVRES D'ART, MOBILIER, INSCRIPTIONS, MANUSCRITS.

In-18 jésus, avec 2 photolithographies; 1892............. 1 fr. 50 c.

LA PHOTOGRAPHIE
APPLIQUÉE A L'HISTOIRE NATURELLE.

In-18 jésus, avec 58 belles figures et 5 planches spécimens en photocollographie, d'Anthropologie, d'Anatomie, de Conchyliologie, de Botanique et de Géologie; 1892.............. 2 fr. 50 c.

TRAITÉ PRATIQUE

DE

PHOTOGRAPHIE SUR PAPIER NÉGATIF

PAR L'EMPLOI DE COUCHES DE GÉLATINOBROMURE D'ARGENT ÉTENDUES SUR PAPIER.

In-18 jésus, avec figures et 2 planches spécimens; 1892. 1 fr. 50 c.

TRAITÉ PRATIQUE

DES

AGRANDISSEMENTS PHOTOGRAPHIQUES.

2 volumes in-18 jésus, avec 112 figures .... 5 fr.

On vend séparément :

Ire Partie : *Obtention des petits clichés;* avec 52 fig.; 1891 2 fr. 75 c.

IIe Partie : *Agrandissements.* 2e édition, revue et augmentée, avec 60 figures; 1897.. 2 fr. 75 c.

IMPRESSIONS PHOTOGRAPHIQUES

AUX ENCRES GRASSES.

TRAITÉ PRATIQUE DE PHOTOCOLLOGRAPHIE A L'USAGE DES AMATEURS.

In-18 jésus, avec nombreuses figures et 1 planche en photocollographie; 1892.. 2 fr. 75 c.

BIBLIOTHÈQUE PHOTOGRAPHIQUE.

(EXTRAIT DU CATALOGUE.)

Médaille d'or à l'Exposition de Florence, 1887.
Diplôme d'honneur à l'Exposition de Bruxelles, 1891.
Diplôme d'honneur à l'Exposition de Douai, 1894.

La Bibliothèque photographique se compose de plus de 200 volumes et embrasse l'ensemble de la Photographie considérée comme Science ou comme Art.

A côté d'Ouvrages d'une certaine étendue, tels que le *Traité* de M. Davanne, le *Traité encyclopédique* de M. Fabre, le *Dictionnaire de Chimie photographique* de M. Fourtier, la *Photographie médicale* de M. Londe, etc., elle comprend une série de monographies nécessaires à celui qui veut étudier à fond un procédé et apprendre les tours de main indispensables pour le mettre en pratique. Elle s'adresse donc aussi bien à l'amateur qu'au professionnel, au savant qu'au praticien.

Balagny (George), Membre de la Société française de Photographie, Docteur en droit. — *Traité de Photographie par les procédés pelliculaires*. 2 vol. gr. in-8, avec fig.; 1889-1890.

On vend séparément :

TOME I : Généralités. Plaques souples. Théorie et pratique des trois développements au fer, à l'acide pyrogallique et à l'hydroquinone. 4 fr.

TOME II : Papiers pelliculaires. Applications générales des procédés pelliculaires. Phototypie, Contretypes, Transparents. 4 fr.

Berget (Alphonse), Docteur ès Sciences, attaché au Laboratoire des recherches de la Sorbonne. — *Photographie des Couleurs par la méthode interférentielle de* M. LIPPMANN. In-18 jésus, avec figures; 1891. 1 fr. 50 c.

Berthier (A.). — *Manuel de Photochromie interférentielle*. Procédés de reproduction directe des couleurs. In-18 jésus, avec figures; 1895. 2 fr. 50 c.

Bonnet (G.), Chimiste, Professeur à l'Association philotechnique. — *Manuel de Phototypie*. In-18 jésus, avec figures et une planche phototypique; 1889. 2 fr. 75 c.

Bonnet (G.). — *Manuel d'Héliogravure et de Photogravure en relief*. In-18 jésus, avec fig. et 2 pl. spécimens; 1890. 2 fr. 50 c.

Boursault (Henri), Chimiste à la Compagnie des Chemins de fer du Nord. — *Calcul du temps de pose en Photographie*. Petit in-8; 1896.

Broché........ 2 fr. 50 c. | Cartonné, toile anglaise. 3 fr.

Burais (Dr A.). — *Les applications de la Photographie à la Médecine*. In-4, avec figures et 6 planches dont une en couleurs; 1896. 4 fr.

Cavilly (Georges de). — *Le Curé du Bénizou*. (Nouvelle inédite, avec illustrations photographiques dans le texte et 1 planche en photogravure, d'après nature, par M. Magron). Un volume in-4; 1895. 5 fr.

Chable (E.), Président du Photo-Club de Neuchâtel. — *Les Travaux de l'amateur photographe en hiver*. 2e édition, revue et augmentée. In-18 jésus, avec 46 figures; 1892. 3 fr.

Conférences publiques sur la Photographie théorique et technique, organisées en 1891-1892 par M. le Directeur du Conservatoire national des Arts et Métiers. In-8, avec 198 figures et 9 planches; 1893. 7 fr. 50 c.

Conférences de MM. le Colonel Laussedat, Davanne, Demény, Lippmann, Janssen, le Capitaine Colson, Fabre, Cornu, Londe, le Commandant Fribourg, Vidal, Wallon, Trutat, Duchesne, le Commandant Moëssard, Becquerel, Gravier, Balagny, Buguet.

Coupé (l'abbé J.). — *Méthode pratique pour l'obtention des diapositives au gélatinochlorure d'argent pour projections et stéréoscope*. In-18 jésus, avec figures; 1892. 1 fr. 25 c.

Courrèges (A.), Praticien. — *Ce qu'il faut savoir pour réussir en Photographie*. 2e édition, revue et augmentée. Petit in-8, avec une planche en photocollographie; 1896. 2 fr. 50 c.

Davanne. — *La Photographie. Traité théorique et pratique*. 2 beaux vol. grand in-8, avec 234 fig. et 4 pl. spécimens. 32 fr.

On vend séparément :

Ire Partie : Notions élémentaires. — Historique. — Épreuves négatives. — Principes communs à tous les procédés négatifs. — Épreuves sur albumine, sur collodion, sur gélatinobromure d'argent, sur pellicules, sur papier. Avec 2 planches spécimens et 120 figures; 1886. 16 fr.

IIe Partie : Épreuves positives : aux sels d'argent, de platine, de fer, de chrome. — Épreuves par impressions photomécaniques. — Divers : Les couleurs en Photographie. Épreuves stéréoscopiques. Projections, agrandissements, micrographie. Réductions, épreuves microscopiques. Notions élémentaires de Chimie; vocabulaire. Avec 2 planches spécimens et 114 figures; 1888. 16 fr.

Un Supplément, mettant cet important Ouvrage au courant des derniers travaux, est en préparation.

Donnadieu (**A.-L.**), Docteur ès Sciences, Professeur à la Faculté des Sciences de Lyon. — *Traité de Photographie stéréoscopique.* Théorie et pratique. Grand in-8, avec atlas de 20 planches stéréoscopiques en photocollographie; 1892. 9 fr.

Ducos du Hauron (**Alcide**). — *La Triplice photographique des Couleurs et l'Imprimerie*, système de Photochromographie Louis Ducos du Hauron. In-18 jésus; 1897. 6 fr. 50 c.

Eder (**Dr J.-M.**) et **Valenta** (**E.**). — *Versuche über Photographie mittelst der Röntgen'schen Strahlen.* Grand in-4° (50^cm^ × 35^cm^), avec 15 planches en héliogravure tirées sur chine; 1896. 25 fr.

Fabre (**C.**), Docteur ès Sciences. — *Traité encyclopédique de Photographie.* 4 beaux volumes gr. in-8, avec 724 figures et 2 pl.; 1889-1891. 48 fr.

Chaque volume se vend séparément 14 fr.

Des Suppléments, destinés à exposer les progrès accomplis, viendront compléter ce Traité et le maintenir au courant des dernières découvertes.

Premier Supplément (A). Un beau volume grand in-8 de 400 pages, avec 176 figures; 1892. 14 fr.

Les cinq volumes se vendent ensemble 60 fr.

Ferret (**l'abbé J.**). — *La Photogravure sans Photographie.* In-18 jésus; 1894. 1 fr. 25 c.

Féry (**Charles**), Chef des Travaux pratiques à l'École de Physique et de Chimie industrielles de la Ville de Paris, et **Burais** (**Auguste**), Chargé du service photomicrographique à l'Institut Pasteur. — *Traité de Photographie industrielle.* Théorie et pratique. In-18 jésus, avec 94 figures et 9 planches; 1896. 5 fr.

Guillaume (**Ch.-Éd.**), Docteur ès Sciences, Adjoint au Bureau international des Poids et Mesures. — *Les Rayons X et la Photographie à travers les corps opaques.* 2e édition. Un volume in-8 de VIII-150 pages, avec 22 figures et 8 planches; 1897. 3 fr.

Le Bon (**Dr Gustave**). — *Les Levers photographiques et la Photographie en voyage.* 2 vol. in-18 jésus, avec fig.; 1889. 5 fr

On vend séparément :

Ire Partie : Applications de la Photographie à l'étude géométrique des monuments et à la Topographie. 2 fr. 75 c.

IIe Partie : Opérations complémentaires des levers topographiques. 2 fr. 75 c.

Londe (**A.**), Chef du service photographique à la Salpêtrière. — *La Photographie moderne. Traité pratique de la Photographie et de ses applications à l'Industrie et à la Science.* 2e édition, complètement refondue et considérablement augmentée. Grand in-8 cartonné, avec 346 figures et 5 planches; 1896. 15 fr.

Mercier (**P.**), Chimiste, Lauréat de l'École supérieure de Pharmacie de Paris. — *Virages et fixages. Traité historique, théorique et pratique.* 2 volumes in-18 jésus; 1892. 5 fr.

On vend séparément :

Ire Partie : *Notice historique. Virages aux sels d'or.* 2 fr. 75 c.

IIe Partie : *Virages aux divers métaux. Fixages.* 2 fr. 75 c.

Miethe (le Dr **Ad.**), Membre d'honneur de la Société photographique de la Grande-Bretagne. — *Optique photographique*, sans développements mathématiques, à l'usage des photographes et des amateurs. Traduit de l'allemand par NOAILLON et HASSREIDTER. Grand in-8, avec 72 figures; 1896. 3 fr. 50 c.

Mullin (**A.**), Professeur de Physique au Lycée de Grenoble, Officier de l'Instruction publique. — *Instructions pratiques pour produire des épreuves irréprochables au point de vue technique et artistique.* In-18 jés., avec 11 fig.; 1895. 2 fr. 75 c.

Panajou, Chef du Service photographique à la Faculté de Médecine de Bordeaux. — *Manuel du Photographe amateur.* 2e édition, entièrement refondue. Petit in-8, avec figures; 1892. 2 fr. 50 c.

Puyo (**C.**). — *Notes sur la Photographie artistique.* Texte et illustrations. Plaquette de grand luxe, in-4° raisin, contenant 11 héliogravures de DUJARDIN et 39 phototypogravures dans le texte; 1896. 10 fr.

Il reste quelques exemplaires numérotés sur japon avec planches également sur japon. 20 fr.

Une planche spécimen est envoyée franco sur demande.

Tranchant (**L.**), Rédacteur en chef de *la Photographie.* — *La Linotypie ou Art de décorer photographiquement les étoffes pour faire des écrans, des éventails, des paravents, etc., menus photographiques.* In-18 jésus; 1896. 1 fr. 25 c.

Trutat (**E.**), Directeur du Musée d'Histoire naturelle de Toulouse, Président de la section des Pyrénées Centrales du Club Alpin français, Président honoraire de la Société photographique de Toulouse. — *Les Epreuves positives sur papiers émulsionnés.* Papiers chlorurés. Papiers bromurés. Fabrication. Tirage et développement. Virages. Formules diverses. In-18 jésus; 1896. 2 fr.

Trutat (**E.**). — *Traité pratique des agrandissements photographiques.* 2 vol. in-18 jésus, avec 112 figures. 5 fr.

On vend séparément :

Ire PARTIE : Obtention des petits clichés; avec 52 figures; 1891. 2 fr. 75 c.

IIe PARTIE : Agrandissements. 2e édition revue et augmentée; avec 60 figures; 1897. 2 fr. 75 c.

Trutat (**E.**). — *Impressions photographiques aux encres grasses.* Traité pratique de Photocollographie à l'usage des amateurs. In-18 jésus, avec nombreuses figures et 1 planche en photocollographie; 1892. 2 fr. 75 c.

Verfasser (**Julius**). — *La Phototypogravure à demi-teintes.* Manuel pratique des procédés de demi-teintes, sur zinc et sur cuivre. Traduit de l'anglais par M. E. COUSIN, Secrétaire-agent de la Société française de Photographie. In-18 jésus, avec 56 figures et 3 planches; 1895. 3 fr.

Vidal (**Léon**), Officier de l'Instruction publique, Professeur à l'École nationale des Arts décoratifs. — *Photographie des Couleurs.* Sélection photographique des couleurs primaires. Son application à l'exécution de clichés et de tirages propres à la production d'images polychromes à trois couleurs. In-18 jésus, avec figures et 5 planches en couleurs; 1897. 2 fr. 75 c.

5625 B. — Paris Imp. Gauthier-Villars et fils, 55, q. des Grands-Augustins.

www.ingramcontent.com/pod-product-compliance
Lightning Source LLC
LaVergne TN
LVHW012005220826
846092LV00001B/246

9782329790541